万物之间

金蝶云引力波

创作手记

徐少春　李青　主编

青岛出版集团 | 青岛出版社

图书在版编目(CIP)数据

万物之间：金蝶云引力波创作手记 / 徐少春，李青. — 青岛：青岛出版社，2023.7
ISBN 978-7-5736-1162-8

Ⅰ. ①万… Ⅱ. ①徐… ②李… Ⅲ. ①软件开发 – 电子计算机工业 – 工业企业管理 – 研究 – 中国
Ⅳ. ①F426.67

中国国家版本馆CIP数据核字（2023）第097736号

WANWU ZHIJIAN: JINDIEYUN YINLIBO CHUANGZUO SHOUJI

书　　名　万物之间：金蝶云引力波创作手记
主　　编　徐少春　李　青
出版发行　青岛出版社（青岛市崂山区海尔路182号）
本社网址　http://www.qdpub.com
邮购电话　18613853563
责任编辑　金　汶
装帧设计　千　千
印　　刷　天津联城印刷有限公司
出版日期　2023年7月第1版　2023年7月第1次印刷
开　　本　24开（889mm × 1194mm）
印　　张　8.5
字　　数　100千
书　　号　ISBN 978-7-5736-1162-8
定　　价　78.00元

编校印装质量、盗版监督服务电话　4006532017　0532-68068050

目　录

序 章

李 青

从无
万物

到有
之间

大约 137 亿年前

一个体积无限小、密度无限大、温度无限高、时空曲率无限大的点发生了剧烈爆炸，
宇宙由此诞生，
时间、空间、质量、能量也因此而产生。

球状星团 M13 科学艺术想象图 / 赵闯 绘 ▷

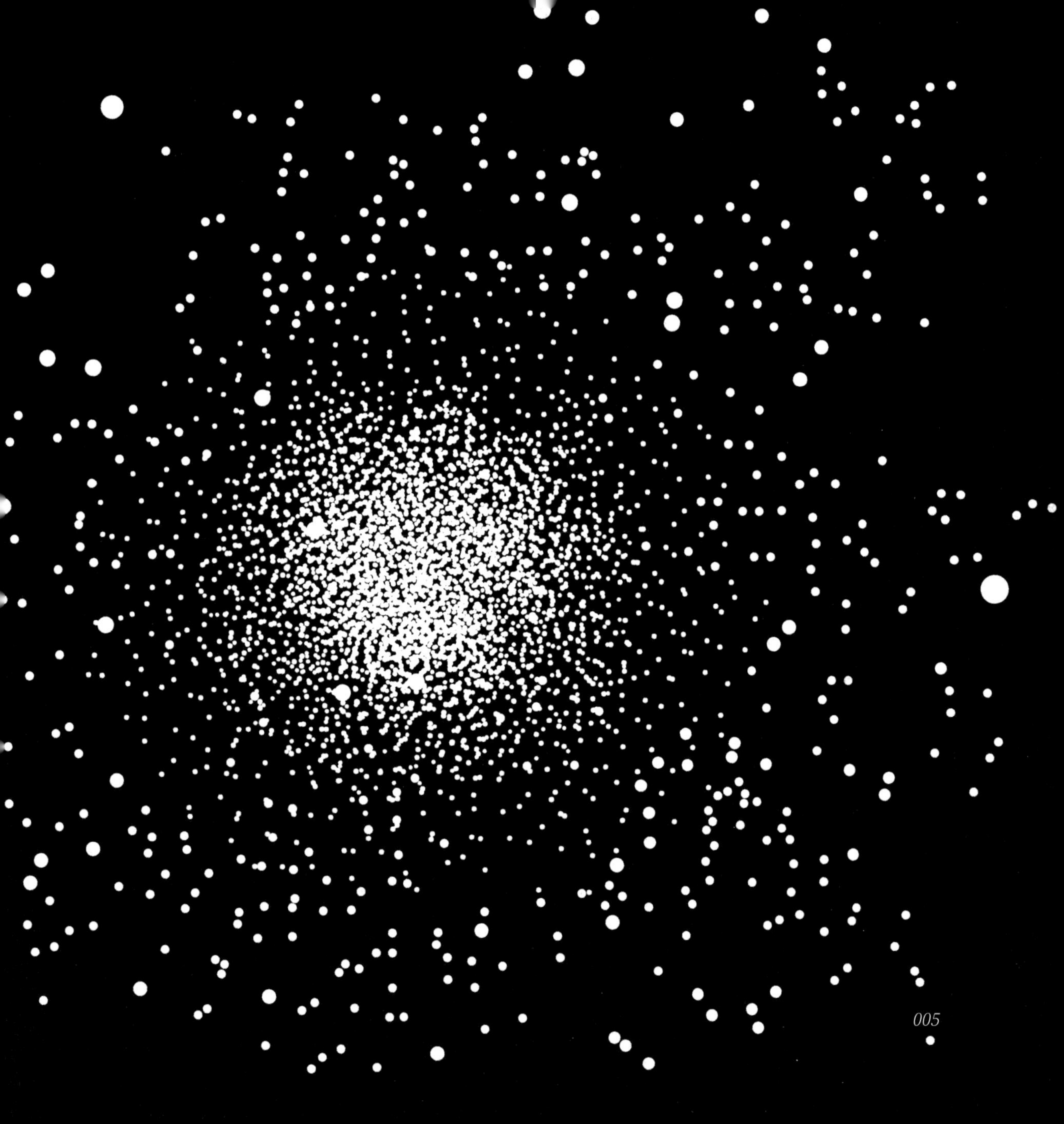

大约 46 亿年前

弥漫在宇宙中的一块巨大的分子云坍缩，坍缩的质量大多集中在中心，形成太阳；其余部分则变扁平，形成原行星盘。

球状星团 M13 科学艺术想象图 / 赵闯 绘 ▷

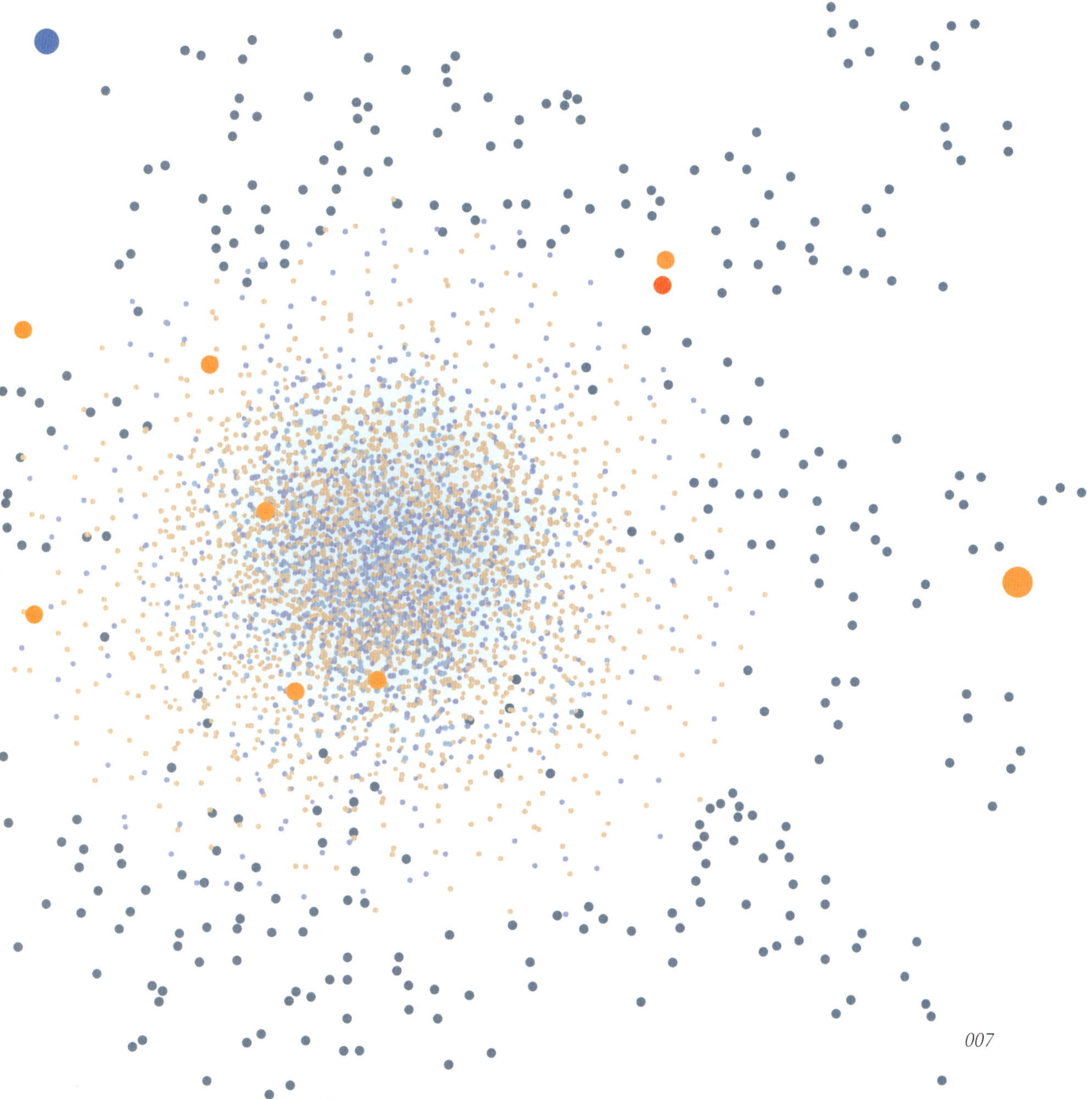

也是在大约 46 亿年前

伴随着太阳系的形成，地球诞生了。这个充满奇迹的行星，开始了由简单到复杂的辉煌的演化历程。

冥古宙的地球科学艺术想象图 / 赵闯 绘 ▷

地球被天体撞击

地球诞生后不久便被一个火星大小的天体——忒伊亚（Theia）撞击。这次撞击不仅使得月球诞生，而且加速了地球上原始海洋的形成。生命的黎明即将出现。

元古宙的地球科学艺术想象图 / 赵闯 绘 ▷

30 多亿年前

单细胞生命出现在海洋中。生命的演化奇迹开始了。

太古宙的地球海洋科学艺术想象图 / 赵闯 绘 ▷

大约 13 亿年前

一个约为 29 倍太阳质量的黑洞和一个约为 36 倍太阳质量的黑洞相互靠拢，最终合并成一个约为 62 倍太阳质量的黑洞。

▽ 引力波科学艺术想象图 / 赵闯 绘

大约 5.4 亿年前

寒武纪生命大爆发。在大约 2000 万年的时间里，地球上涌现出数量庞大、种类繁多的生命，包含了几乎所有现代生命的雏形。人类的出现成为可能。

抱怪虫 澄江生物群科学艺术想象图 / 赵闯 绘 ▷

5.25 亿年前

一种拇指般大小的鱼类开始在海洋中畅游。这种目前已知最古老的脊椎动物，是人类的远祖。

海口鱼科学艺术想象图 / 赵闯 绘 ▷

大约 23.3 万年前

智人出现。人类的演化之路正式开始了。

早期智人科学艺术复原图 / 赵闯 绘 ▷

2023/3/9.

大约 13 万年前

尼安德特人一家娴熟地使用着工具。

尼安德特人科学艺术复原图 / 赵闯 绘 ▷

在人类短暂的演化史中，工具的进化对人类的发展起到了至关重要的作用。制作工具是人类直立行走后最大的一次质变，是人类第一次能深度地对身体之外的物体做空间上的掌控和改变。

公元前 150—公元前 100 年间，人们制造了安提基特拉机械。这是目前所知最古老的复杂科学计算机，是古希腊时期人们为了计算天体在天空中的位置而制造的青铜机器。精美绝伦的设计里饱含着人类对于宇宙的迷恋。

△ 安提基特拉机械科学艺术再现 / 赵闯 绘

1608 年

望远镜问世。次年，伽利略用望远镜观测天体和天象。
人类对宇宙的认知迈向了一个新的阶段。

伽利略像 / 赵闯 绘 ▷

1865 年

英国物理学家麦克斯韦向公众展示了一个伟大的预言——空间可能存在电磁波。1888 年，德国物理学家赫兹用实验证实了电磁波的存在。电磁波让人们搭建起难以置信的信息高速公路，也让人们的眼睛望向更加遥远的宇宙。

麦克斯韦像 / 赵闯 绘 ▷

1915 年

伟大的物理学家爱因斯坦完成了广义相对论，挑战了人类理论探索的极限。

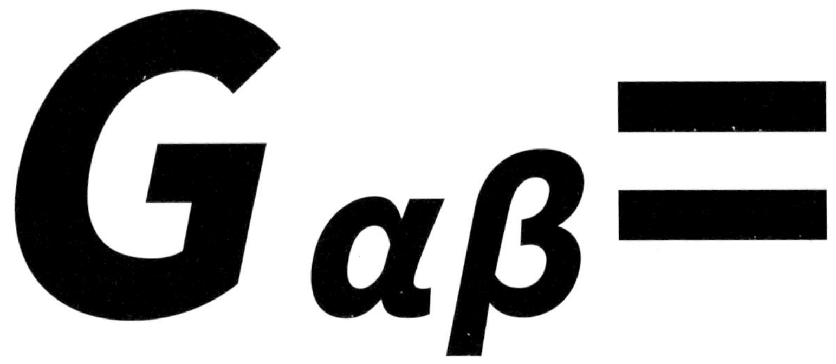

△ 爱因斯坦广义相对论中的场方程式

$$\frac{8\pi G}{c^4} T_{\alpha\beta}$$

1916 年

爱因斯坦预言了引力波的存在。他认为，从广义相对论的构架来看，应该存在着引力波。

爱因斯坦像 / 赵闯 绘 ▷

1980 年 8 月

中国深圳经济特区正式成立，成为中国最早实行对外开放的四个经济特区之一。这座有着 6700 多年人类活动史的城市，开始以全新的姿态构建现代化、国际化的创新型城市。

△ 深圳经济特区建立 40 周年纪念活动标志

1993 年

徐少春在深圳创立金蝶。在短短 30 年间，金蝶通过管理软件与云服务，已为世界范围内大约 740 万家企业、政府提供服务，成为亚太领先、中国第一的企业 SaaS（软件运营服务）云服务提供商。

金蝶

2002 年

激光干涉引力波天文台（LIGO）进行第一次引力波探测。2010 年，LIGO 结束数据搜集。8 年时间中，LIGO 没有探测到任何一个引力波。从 2010 年起，科学家开始不断对 LIGO 进行改进。

△ Laser Interferometer Gravitational-Wave Observatory

2010 年

科学艺术家赵闯和科学童话作家杨杨在北京创立了 PNSO 啄木鸟科学艺术小组——一个专业化的科学艺术创作与研究组织，并同时启动了“PNSO 地球故事科学艺术创作计划（2010—2070）”。

so

2015 年 9 月 14 日

LIGO 首次单独探测到引力波。这是人类首次直接探测到引力波信号。它来自 13 亿年前两个黑洞的合并。

从理论上来讲，每个人举手投足之间，都会产生引力波，但是由于人的质量太小，所产生的引力波根本无法被察觉。对于引力波来说，就连地球、月球、太阳这样的物质，质量都太小了，所以它们的运动所产生的引力波也无法被探测到。目前，人们能够探测到的引力波全都来自宇宙中具有巨大质量的物质。当它们有非常极端的变化时，比如碰撞、爆炸、合并，所产生的引力波才足以被我们探测到。

两个黑洞合并产生的引力波科学艺术想象图 / 赵闯 绘 ▷

2023 年

金蝶国际软件集团全新的金蝶云大厦落成。大厦内部功能和空间设计参考了苍穹宇宙的元素，融合科技、高效、绿色、共享的“云理念”，致力于成为中国首个实现“生态、智能、共享”的未来商务办公空间。

金蝶云大厦设计效果图 / 金蝶集团供图 ▷

2023 年

金蝶国际软件集团邀请科学艺术家赵闯先生为金蝶云大厦创作大型雕塑作品。赵闯先生以人类首次直接观测到的引力波为灵感，创作了“金蝶云引力波”。

在当今这样一个“云时代”里，金蝶国际软件集团作为SaaS 云服务提供商，正通过互联网为全球众多企业、政府提供着服务。分散在全球不同地方的人们，在金蝶提供的这样一个智能化的办公空间里，实现了他们的办公需求。这不仅大大降低了他们的成本，提升了他们的效率，还神奇地将他们联结了起来。

将在金蝶云大厦亮相的金蝶云引力波大型雕塑作品，就如同金蝶集团发出的引力波，这涟漪正向全世界扩散。引力波在传递的过程中能量损耗极少，因此它可以传得很远；而金蝶云引力波也代表着金蝶集团将在“云时代”中，不断地向更远的地方传递自己的声音，让更多的人听到，与更多的人连接。

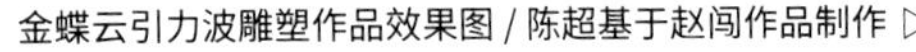

金蝶云引力波雕塑作品效果图 / 陈超基于赵闯作品制作 ▷

2023年
金蝶发布
苍穹GPT

苍穹 GPT（生成式预训练语言模型）是金蝶在企业管理领域基于大语言模型自主研发的 AI 引擎，是金蝶云各产品系列的超级智能化底座。

它利用先进的 AI 技术，融合多种通用大模型，并构建了企业管理领域的垂直大模型，在此基础上提供生成式 AI 的低代码能力和“GPT+X”的嵌入式应用能力。

苍穹 GPT 秉承金蝶云·苍穹“安全可信、技术普惠、共创共赢”的理念，为金蝶客户与伙伴提供更加普惠化的智能服务。

引力波

杨杨Y对话

是什么
S
孙维新

孙维新 博士

天文学家
清华大学求真书院通识讲座教授
台湾大学物理系暨天文所教授
中国科学院国家天文台客座研究员

Y　金蝶云引力波的设计灵感来源于人们在 2015 年第一次直接探测到的引力波信号。这很有意思，它将人类最前沿的科学发现和当代艺术融合在了一起。

S　这是一个很精妙的设计。

我还记得 2016 年的春节，整个世界都被“引力波”这三个字震撼了。其实人们首次直接探测到引力波的时间是 2015 年 9 月 14 日，随后在当年 12 月 26 日又探测到一次。但是，一直到 2016 年 2 月 11 日，科学家才向世界公布这件事。因为这个发现实在是太重要了，所以大家都很谨慎，相隔很近的两次发现确认了它的存在，科学家才向大众公开。科学家在宣布这一发现的时候，那种感觉真的就像人类听到了宇宙深处的声音。太奇妙了！

对大众来说，引力波是一个很专业的概念。我们该如何理解它呢？

S

讲引力波之前，我们需要先了解一下波动这个概念。波动在物理上是一个丰富而重要的领域。在自然界中，目前人类能够确定的波动大致可以分为 4 种。第一种是日常生活中我们常常能够接触到的，比如水波、声波。这是一类需要靠介质来传递能量的波动。拿水波来说，当我们向水面丢一块小石子，会看到平静的水面上有时高时低的涟漪，慢慢扩散出去。这就是水波。涟漪时高时低，是因为波在通过某个位置时，那个位置的水分子会上下运动，这让涟漪看起来是高高低低的。我们在岸上观察水波，很明显能看到水波是一圈一圈向外扩散的，是在水平面上传递的，但是水分子的振动方向是上下的，跟水波的传递方向是垂直的。这种介质运动的方向和波传递的方向是垂直的波，我们把它叫作横波。

声波和水波不同。我们讲话的时候，声带振动了周遭的空气。空气被声带送出的波动压缩了以后向外传递。这些空气分子撞到前面的空气分子以后，又会弹回来。这时候空气分子振动的方向和声波的传递方向是相同的，这种波被称为纵波。因为空气分子前后振动的时候，导致空气的密度一会儿小一会儿大，所以声波也是一种疏密波。

Y 水波和声波都是我们在日常生活中经常能够接触到的波动，是看得见、听得到的。那么接下来讲的波动是不是肉眼看不到，耳朵听不到的呢？

S 对。我们讲的第二种波动叫作电磁波。说电磁波大家可能觉得有些陌生，但是大家对光很熟悉。其实光就是电磁波。平时我们所讲的光是人肉眼可见的光，包括红、橙、黄、绿、青、蓝、紫这七色光。但是，在讲电磁波的时候，这里的光是更广义上的光。例如：比紫光能量更高的有紫外线，比紫外线能量更高的有 X 射线以及伽马射线；比红光能量更低的有红外线，再低一些的是无线电波。所以人们按照电磁波的波长从小到大排列了电磁波谱：伽马射线、X 射线、紫外线、可见光、红外线、无线电波。

和水波、声波不同的是，光波的传播是不需要介质的，它是可以在真空中传播的。这就是为什么我们能够在晚上看到星星。这些星星不管是自己发光，还是反射其他物体产生的光，它们之所以能被我们看到，就是因为这些光进入我们的眼睛。这些光都来自遥远的宇宙，在光穿透的空间里是没有介质的。正因为光的传播不需要介质，所以我们最终才能看得到这些光，也就是能够看得到这些星星。

和水波一样，电磁波也是一种横波，电场和磁场的振荡方向是垂直的。

我们虽然看不到电磁波，但其实在日常生活中会常常用到电磁波。我们能够听广播、看电视，现在能用手机打电话，包括家里可以用微波炉做各种美食，应该说都是应用电磁波的结果吧。

S

是的。可以这样讲，我们就生活在电磁波的海洋里。不过接下来要说的第三种波，就真的会让人感觉有点儿陌生了。它叫物质波。

物质也是一种波吗？我们人也是一种物质，那人也是一种波吗？

S

物质波是说很多看起来像是物质的东西其实也是一种波，但这里的物质说的是很微小的粒子，比如电子、中子和质子。但是，像人、小猫和小狗，就都太大了，而物质波微小到我们根本感觉不出来。

这个物质波很有意思，它是法国物理学家德布罗意提出来的。他当时提出了非常重要的“波粒二象性”，简单说就是这种很微小的物质既有粒子的特性，也有波的特性；你可以把它当作粒子，也可以把它当作波。德布罗意的博士论文写的就是物质波。那篇博士论文只有 6 页，非常短，但是彻底改变了人们对于物质的看法。他也因为物质波的理论获得诺贝尔物理学奖。

物质波不仅是一个理论，而且是有实验可以证实的。我们在学校的时候可能就接触过这个实验，叫双缝干涉实验。

这个实验很简单，在一头摆放一个灯泡，隔着一段距离，摆放一个有两道细缝的挡板。灯泡上的光射出去以后，分别通过这两道细缝，然后会落到挡板后面的一个屏幕上面。光的波动性使得通过两道细缝的光束会互相干涉，在屏幕上投出干涉条纹。我们怎么理解这个干涉呢？我们拿水波来举例。比如两个人同时向水面投掷了一块石头，这两块石头落在了不同的位置，就会分别产生不同的涟漪向外扩散。等这两块石头产生的不同的涟漪碰撞的时候，就会互相干涉。例如：原本向下振动的水分子遇到了向上振动的水分子，如果它们振幅的大小是相等的，那么这里的水分子就会停止运动。刚刚所说的双缝干涉实验也是这个道理，它展示了光波的干涉行为。一束光通过两个狭缝后，光子之间是会互相干涉的，最终它们在比较远的屏幕上就会出现干涉条纹。光波的干涉是科学家早已经认同的一个传统光学理论。但是，当德布罗意提出物质波之后，这个双缝干涉实验就被应用到新的领域。

人们用电子枪将一束电子对着有两道缝的这个挡板打过去，按照原先的理论，电子只是被当作物质，那么在背后的屏幕上出现的就仍然是两道由电子构成的狭缝的影子。但是实际上，在屏幕上形成的是跟光波一样的干涉条纹。也就是说，电子经过双狭缝之后，互相产生了干涉。这个实验就证实了这些微小的物质也是波。

德布罗意提出的“波粒二象性”，除了我们刚刚所说的微小的粒子其实也是波，反过来也成立。也就是说，高能量的光波也会显现粒子的特性。例如：伽马射线、X 射线也会有粒碰撞，就像桌球台上球与球之间互相碰撞。

Y

您刚刚跟我们讲了 3 种波，那么最后一种就是引力波了吧？

S

对，在了解了之前的 3 种波以后，引力波就比较好理解了。引力波这个概念是爱因斯坦提出来的。在爱因斯坦的一生中，有几个非常重要的时刻。第一个是 1905 年，他发表了狭义相对论，阐释了高速运动的环境下我们所看到的世界是怎么变化的。这里面有一个非常重要的概念，就是时间和空间不是绝对的东西，它们是可以改变的。时间是可以变慢的。例如：我们坐在高速运动的火车上看到的 1 秒，和站在火车外面的人所测量到的 1 秒，这两个时间的长度是不一样的。坐在高速运动的火车上的人所看到的 1 秒是比较慢的。爱因斯坦在狭义相对论里提出的这些理论已经很伟大了，但是当时他还是在日常生活的范畴内来探讨的，而到 1915 年就不得了了，他完成了广义相对论，探讨的范围拓展到了整个宇宙。

他不再谈地面上的运动，探讨的是宇宙范围内的加速运动。一年后，也就是 1916 年，爱因斯坦就提出了引力波的概念。他说按照广义相对论的这个架构，应该存在引力波。

但是，他为什么这么说呢？这个引力波是怎么产生的呢？我们还得回头从牛顿的万有引力讲起。杨杨，我问你一个问题：牛顿是发现了万有引力还是发明了万有引力？

Y　我的想法自然是牛顿“发现了”万有引力，但是您这样问我的话，那答案应该是“发明了”万有引力。但是，我不知道这是为什么，哈哈哈。

S　我在学校上课的时候，也常常问同学们这个问题，90% 的同学会说牛顿发现了万有引力，另外 10% 的同学不敢回答。但是，实际上，牛顿是发明了万有引力。为什么这么说呢？原因就是万有引力这个概念实际上是牛顿设计的一个理论模型，来解释我们所观察到的现象。为什么两个物体会彼此靠近呢？牛顿就用万有引力解释了这个现象。因为物体有质量，所以它们之间就产生了一种相互作用力。

牛顿认为万有引力不只适用于地球。他猜想地球与太阳之间的吸引力也遵循着相同的规律。那么我们现在来问这样一个问题：如果把地球拿掉，那么太阳的引力还存在吗？受体不存在了，那这个引力还存在吗？这个问题就很难回答了。

所以后来这个力的概念就被场的概念取代了。也就是说，你把地球拿走没关系，只要太阳存在，它有一定的质量，它就会在周遭的时空产生一个引力场。大家就明白了，只要你有一定的质量，就会对周遭的时空产生一个变化。

情况到了爱因斯坦的年代又不同了。爱因斯坦提出了一个更新的概念取代了场的概念，这就是时空曲率。那么如何用爱因斯坦的理论来解释这个问题呢？他认为，太阳存在于那里，太阳周遭的时空就会因为太阳巨大的质量而产生扭曲，不再是原先平滑的状态。但是，这种扭曲也不是随意的扭曲，而是有一定规律的，地球会顺着这个扭曲的时空规律地运行。那么也就是说，牛顿是用两个物体之间的力来解释地球围绕太阳的运行的，而爱因斯坦是用时空曲率的方式来解释地球的运行的。太阳不是静止不动的，而是在高速运动的，所以太阳是个惹麻烦的家伙。它运动到哪里，哪里的时空就会发生扭曲，但是它走过之后，前面的时空又会恢复成原来的样子。这种不断的时空扭曲，就会变成涟漪，朝四面八方扩散出去，这就是引力波。

引力波的概念是无法用水波、光波、电磁波或者物质波的概念来解释的。引力波会影响时空的结构，会让时空产生一种振荡。这种震荡就像涟漪一样，朝周遭的时空扩散出去。

Y

大众觉得引力波非常神奇，就是因为它从宇宙极为遥远的地方传来，这让我们觉得好像跟十几亿年前，甚至更古老的宇宙有了一种非常奇妙的连接。人们说引力波在传递的过程中，能量损耗极少，所以我们的确是可以通过引力波来了解古老的宇宙的信息。真的是这样吗？

S

我们常常见到水波，它传播的距离非常有限，很快就消失了；声波也是，如果两个人相距太远，他们就听不到彼此说话的声音了。这些都说明这样的波动在传递的过程中会散掉，或被介质或者周围的物质吸收。但是，引力波和水波、声波、电磁波、物质波有一个很明显的不同，就是它不会和传统物质产生交互作用。例如：引力波在宇宙的传递过程中遇到恒星、星云，它的能量不会被消耗。引力波只会短暂地拉扯它经过的时空，但是这个时空里所包含的物质都不会影响引力波。

人们之所以能探测到引力波，是因为时空做了短暂的振荡。本来两个粒子之间的距离是确定的，但是引力波通过的一刹那，因为时空扭曲，两个粒子之间的距离发生了变化，这是时空被拉扯所产生的结果。但是，时空被短暂拉扯之后，又会很快恢复正常。引力波实验探测的就是这样很小的一个变化。因为这种变化一般很小，难以被探测到，所以人们目前探测到的引力波通常是由宇宙中强烈的、非常巨大的交互作用所产生的，包括合并、碰撞、爆炸等，比如两个黑洞合并。它们不仅质量非常大，而且产生非常极端的变化，这时候所产生的引力波才有可能被人们探测到。我们熟悉的月球绕地球转动，地球绕太阳转动等，因为月球、地球和太阳的质量相对还是太小，所以它们产生的引力波是很难被探测到的。

Y 爱因斯坦在 1916 年就提出了引力波的概念，为什么直到 100 年以后的 2015 年，人们才真正探测到它呢？是不是就是因为它在时空中带来的这个变化太微小，所以很难被观察到？

S 最主要还是因为设计实验需要耗费很长时间，而且需要不断地改进。人们探测引力波是通过激光的光干涉来完成的。我们刚刚讲了，光的传播是不需要介质的；在真空的环境中传播时，也不存在被吸收的问题。在目前的科学条件下，它是探测这个变化最敏感的一种方式，所以科学家就利用这一点来探测引力波。LIGO 在美国西北的华盛顿州以及东南的路易斯安那州分别有一个探测器。这就是人们首次探测到引力波的设备。简单地说，这个探测器就是两个垂直摆放的“L”形的真空的圆筒，每个圆筒长 4 千米。人们让一个激光光源射出两束光，分别沿着垂直的“L”形圆筒飞行。科学家在圆筒的两端安装了反射镜，因此激光发射出去以后是会反射回来的。但是，每束激光也不止反射一次，科学家让激光在每个圆筒中反射了

400 次。这样一来，一个圆筒的长度就相当于 1600 千米。实验设备都准备好以后，科学家就开始持续观测。他们要监测这两束光返回来之后的结果。如果干涉条纹发生了变化，就说明探测到了引力波。这个设备是非常精密的，能够探测到 40 万亿千米内一根头发的扰动，所以它才能探测到引力波在时空中带来的短暂的、微小的振动。

Y **真的是太奇妙了！**

S **对，然后突然有一天，短暂的振荡发生了。一个圆筒中的时空忽然被扭曲了一下，也就是说这束激光原本应该走 1600 千米，但是现在因为它所在的时空扭曲了，它就要多走一点点。就是因为多走了这一点点，当它回来跟另外一束激光会合的时候，干涉条纹发生了变化。这个变化就代表着人们第一次真正探测到了引力波。**

Y 但是，我知道这套实验设备并不是 2015 年才投入使用的。之前那么长时间为什么一直没有探测到引力波呢？

S 这个实验设备第一次被制造出来以后，科学家探测了 8 年，但是什么都没有探测到。后来人们就开始反复地改进实验设备，一直到 2015 年才重新启动，而在启动的第一年就探测到了引力波，所以还是实验设计的问题。当然，科学家也是有着执着的信念在里面，所以才能在 8 年都毫无结果的情况下，依然坚持这项工作。终于，在 2015 年 9 月 14 日，人们首次探测到引力波，是距离地球 13 亿光年之远的两个黑洞合并所带来的。随后，当年的 12 月 26 日，人们又探测到一个，是两个距离地球 14 亿光年之远的黑洞合并所产生的。2017 年 8 月 17 日，人们探测到了由两个中子星碰撞带来的引力波。现在，人们已经能够频繁地探测到引力波了。

探测到引力波，对于人类来说有什么重要的意义？

S

现在，几乎一个星期就有一个引力波可以被人们探测到。这简直就是打开了观测宇宙的另外一扇窗户。探测引力波使研究宇宙的开端成为可能，因为引力波里最受科学家关注的就是宇宙大爆炸的时候所产生的引力波。科学家相信，宇宙大爆炸那一瞬间所产生的引力波到今天还在宇宙中飘荡，只是一直没有被探测到。但是，之前我们只通过电磁波来探测宇宙的时候，就无法实现这个愿望。因为一直到宇宙大爆炸大约 38 万年以后，宇宙变得透明了，电磁波才开始能够穿透宇宙的物质，所以仅仅通过电磁波，我们永远都无法了解宇宙大爆炸最初 38 万年的情形。当然，除了能够借由引力波了解宇宙，我还有一个更大胆的假想：也许未来透过引力波对时空的拉扯，能够造成短暂的时空缝隙，人们说不定可以从宇宙的这一点到达那一点，而不受光速和时空的限制。虽然这只是我自己的科幻想象，但是想想就觉得真是奇妙啊！

空间

杨杨 Y 对话

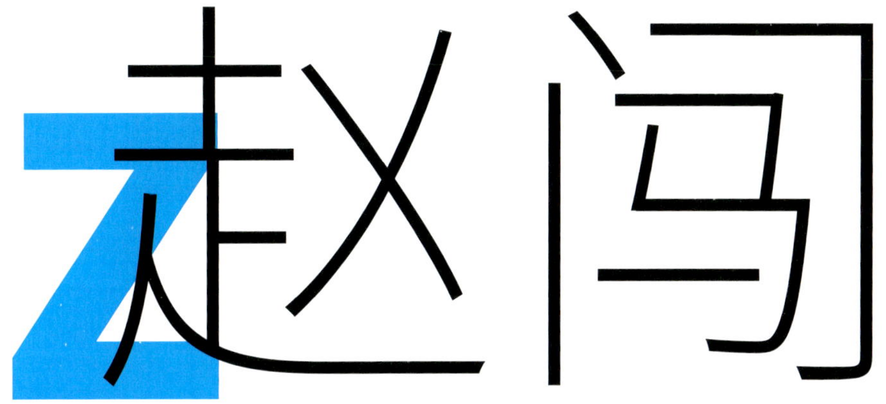
Z
赵闯

赵闯

科学艺术家
PNSO 啄木鸟科学艺术小组创始人

Y 金蝶云引力波这个雕塑作品将天体物理的概念和当代艺术结合在一起，光是这样的组合就让人眼前一亮。这一创作灵感是从哪里而来呢？

Z 在创作时，我首先需要考虑的是最终呈现这个装置的场所。这是为金蝶云大厦所创作的，那金蝶云大厦是一个什么样的建筑呢？我搜集整理了关于金蝶云大厦的很多资料，发现这座高约 200 米的建筑很有意思。它的设计融入了很多宇宙和科技的元素。我的脑海中一下子就浮现出了引力波这个概念。

引力波的概念是爱因斯坦提出来的，但是在这个概念出来约 100 年以后，人们才第一次探测到引力波。引力波的发现是非常非常重要的一件事情，代表着人们对于宇宙的认识迈出了一大步。金蝶云引力波的创作灵感，就来自人们在 2015 年第一次直接探测到的引力波。它是距离地球 13 亿光年之远的两个黑洞合并时发出的波动。这个设计的灵感与金蝶云大厦所体现出的科技感，以及它所要传递的内核是高度契合的。

△ 金蝶云引力波装置作品创作过程示意图 / 赵闯 绘

Y 对于引力波的探测，人们实际探测到的是时空的振动，而不是一个可视化的几何图形。那么金蝶云引力波最后的这个造型是怎么创作出来的呢？

Z 对。引力波是人们无法用眼睛去观察的，是一个非常抽象的天体物理的概念。那么将这么抽象的概念表达出来，是创作的一个难点。从科学上来讲，引力波会扭曲周围的时空，这个扭曲也并不是随意的扭曲，也是遵循着一定规律的。所以，科学上对于引力波产生的扭曲是有一些基本的推测的，而我就需要在这些推测中进行总结，将它和金蝶云大厦联结在一起。我取了金蝶云大厦中的“蝶”，来创作它最后的造型，让这个引力波对时空的扭曲呈现出蝶状，就像一只蝴蝶展开翅膀的模样。引力波最终就以这样的姿态呈现在三维空间里。

2023.11.3

◁△ 金蝶云引力波装置作品创作过程示意图 / 赵闯 绘

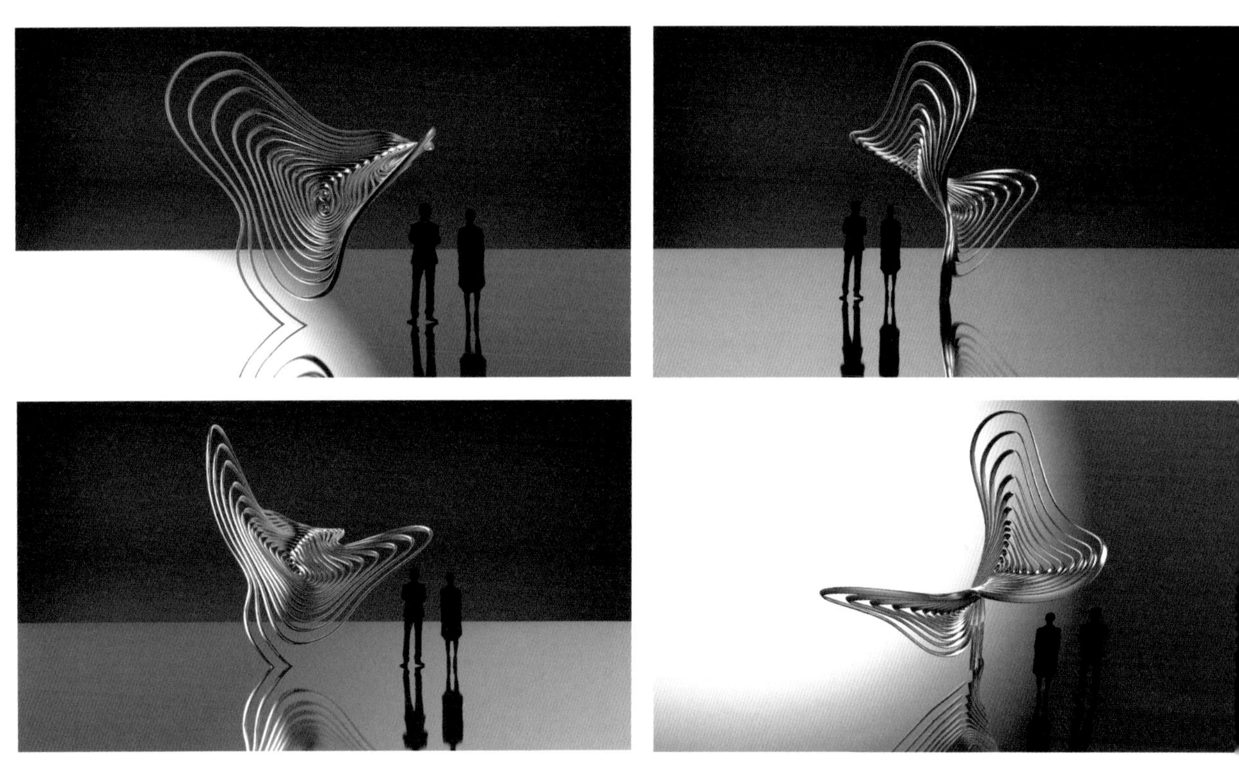

◁△ 金蝶云引力波装置作品创作过程示意图 / 赵闯 和 陈超 制作

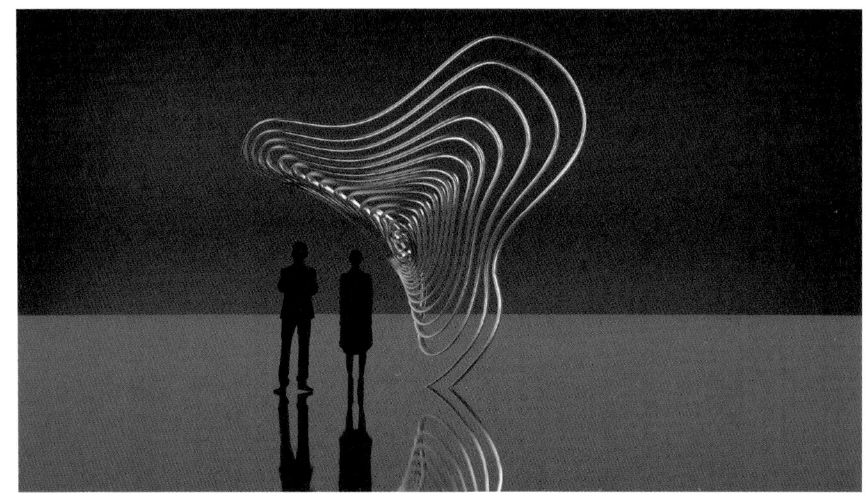

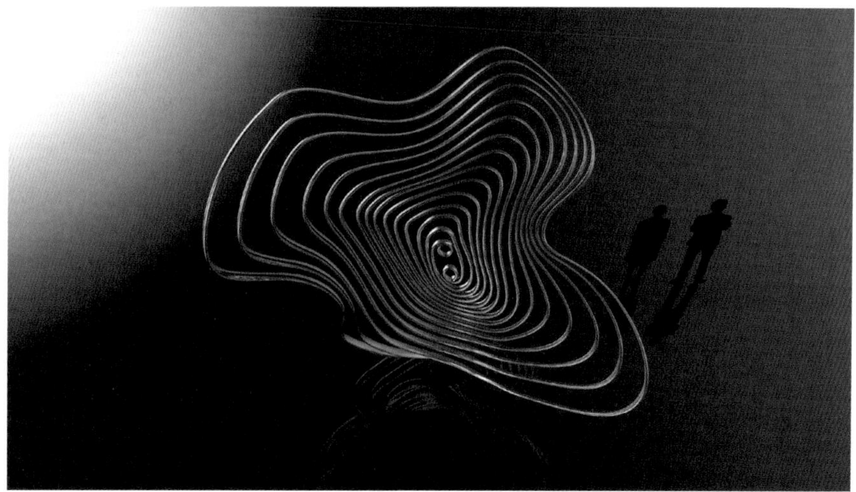

◁△ 金蝶云引力波装置作品创作过程示意图 / 赵闯 和 陈超 制作

物用

杨杨Y对话

之间

陈超

C

陈超

设计师
PNSO 啄木鸟科学艺术小组设计总监

要将金蝶云引力波从电脑里搬到真实的环境中，让它真正站立在金蝶云大厦里，你觉得这个创作过程中最大的难点在哪里？

C

金蝶云引力波这个装置作品，最突出的美和最难实现的地方，就在于它在三维空间中所呈现出来的那种独特的扭曲的美。所以，最初拿到赵闯老师的创作草图后，我要做的第一件事情就是理解他笔下的金蝶云引力波的结构，不断修改软件中曲线的曲率与分布方式，最终呈现它在二维平面上所构成的投影形态。但是这个时候，其实我对于金蝶云引力波在三维空间中的模样还没有一个非常清晰的概念。所以，当赵闯老师将根据金蝶云引力波在二维平面上的投影形态所创作的三维中的概念模型发给我以后，它着实令我惊艳。优雅、韵律、简练、生命、力量、循环……很多词同时闪现在我脑中。

△ 金蝶云引力波装置作品创作过程示意图 / 赵闯 和 陈超 制作

的确是这样。但是，我知道从金蝶云的概念模型到实体装置，这个过程其实挺难的，并没有想象中那么顺利。

C

是的。从概念图上能看得出来，这个巨大的装置的支点其实只有两个，所以要将它安全、和谐、美好地呈现出来，我们其实是下了不少功夫的。我们进行了多次实地考察，对装置的比例、结构也进行了数次调整。跟当初的概念模型相比，实际展现的金蝶云引力波在横向上做了一定收缩，这样整个装置会更加挺拔，重心也更稳定，在安全这一关键问题上做到了完全达标。另外，我们对它的底部与地面连接处做了拉长，让装置减少与人的接触。观众在观看它的时候，是保持着仰视的角度，这样能够最大限度地感受到装置的美。

△ 金蝶云引力波装置作品创作过程示意图 / 赵闯 和 陈超 制作

在开发金蝶云引力波的衍生品时，你是从什么角度进行设计的?

C

金蝶云引力波是一个充满科技感和艺术感的装置，我在设计衍生品的时候也尽量尝试多角度的应用，使用多种材质来全方位展现这个特别的艺术品。目前我所设计的衍生品大致可以分为 5 个类别：第一是关于金蝶云引力波的概念书籍以及书签；第二是纸制品类的衍生品，包括贺卡、明信片等；第三是饰品类衍生品，包含项链、胸针、袖扣等；第四是桌面摆件类衍生品，包括饰品架、果盘、奖杯等；第五是日用品类的衍生品，包括水杯、保温杯、雨伞等。这些衍生品都是与人们的生活息息相关的。我希望能将金蝶云引力波所呈现的内在力量融入人们的生活中。

▽ 书籍装帧与书签：基于金蝶云引力波装置的视觉符号展开的概念设计之一 / 陈超 作品

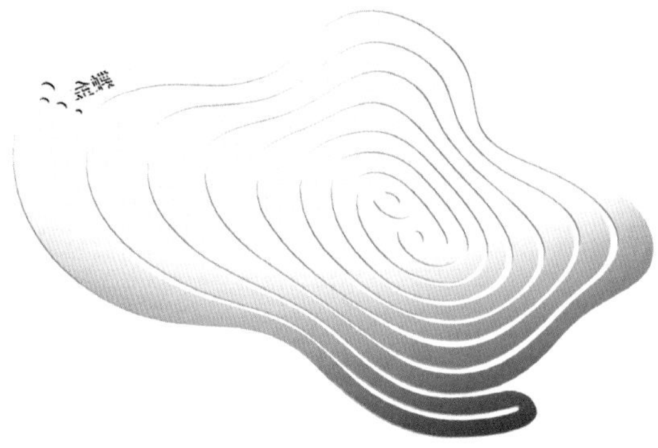

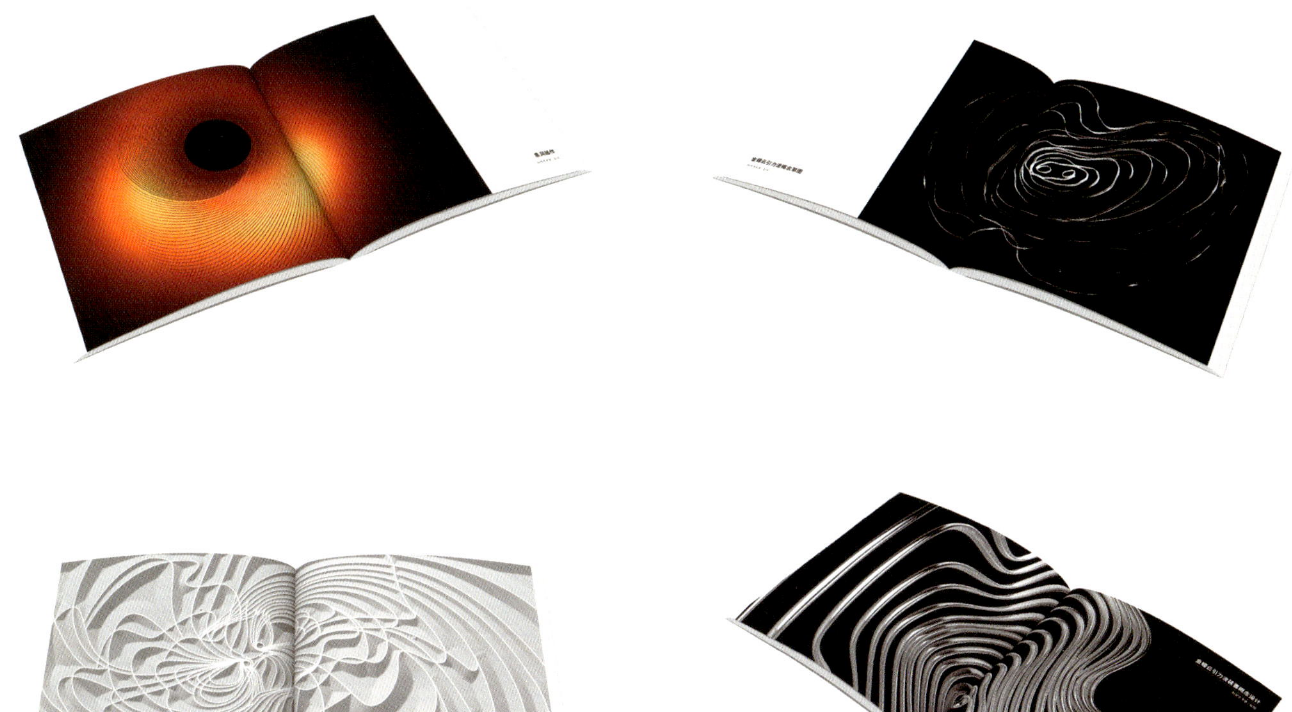

△ 书籍装帧与书签：基于金蝶云引力波装置的视觉符号展开的概念设计之一 / 陈超 作品

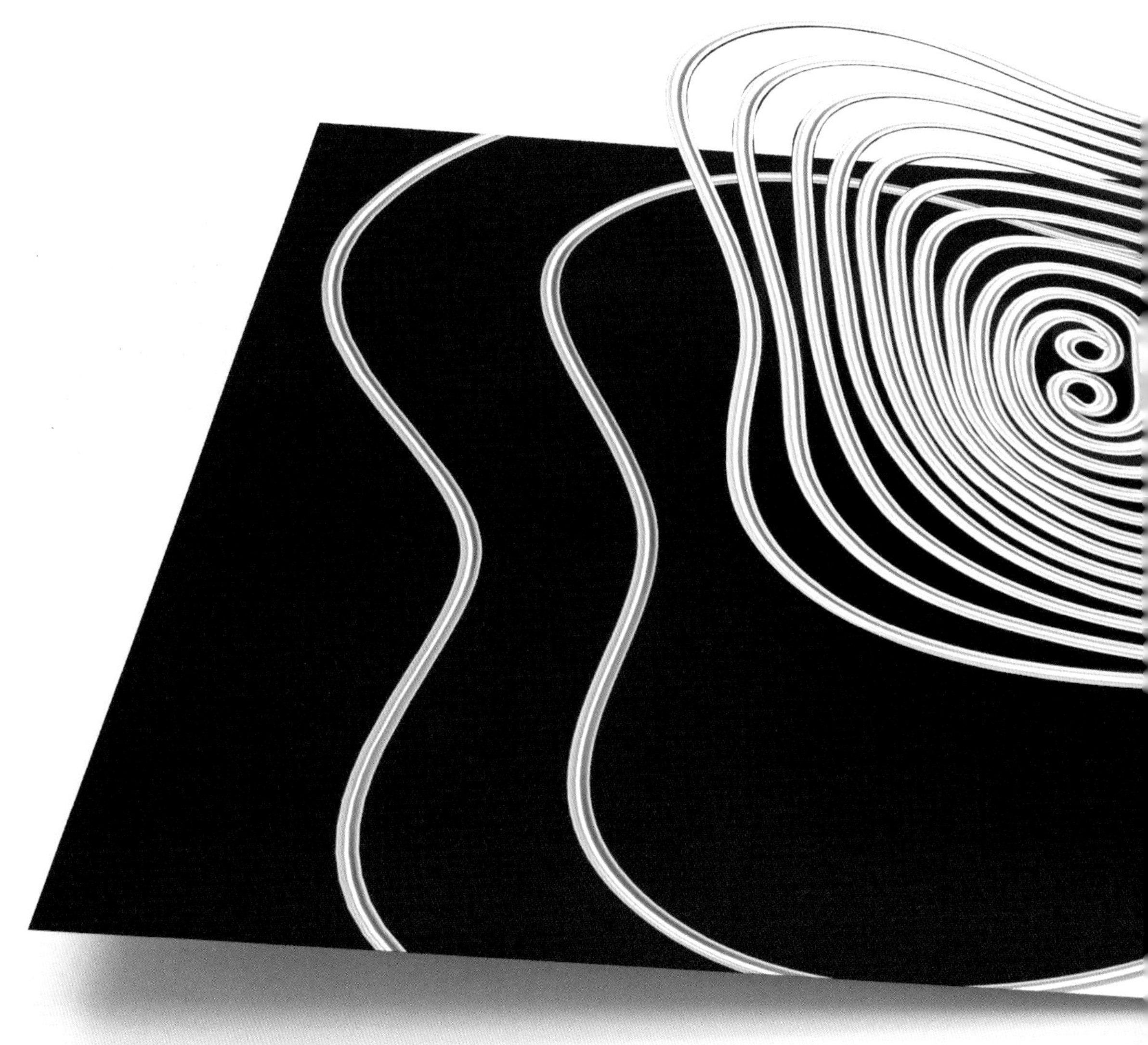

△ 贺卡：基于金蝶云引力波装置的视觉符号展开的概念设计之二 / 陈超 作品

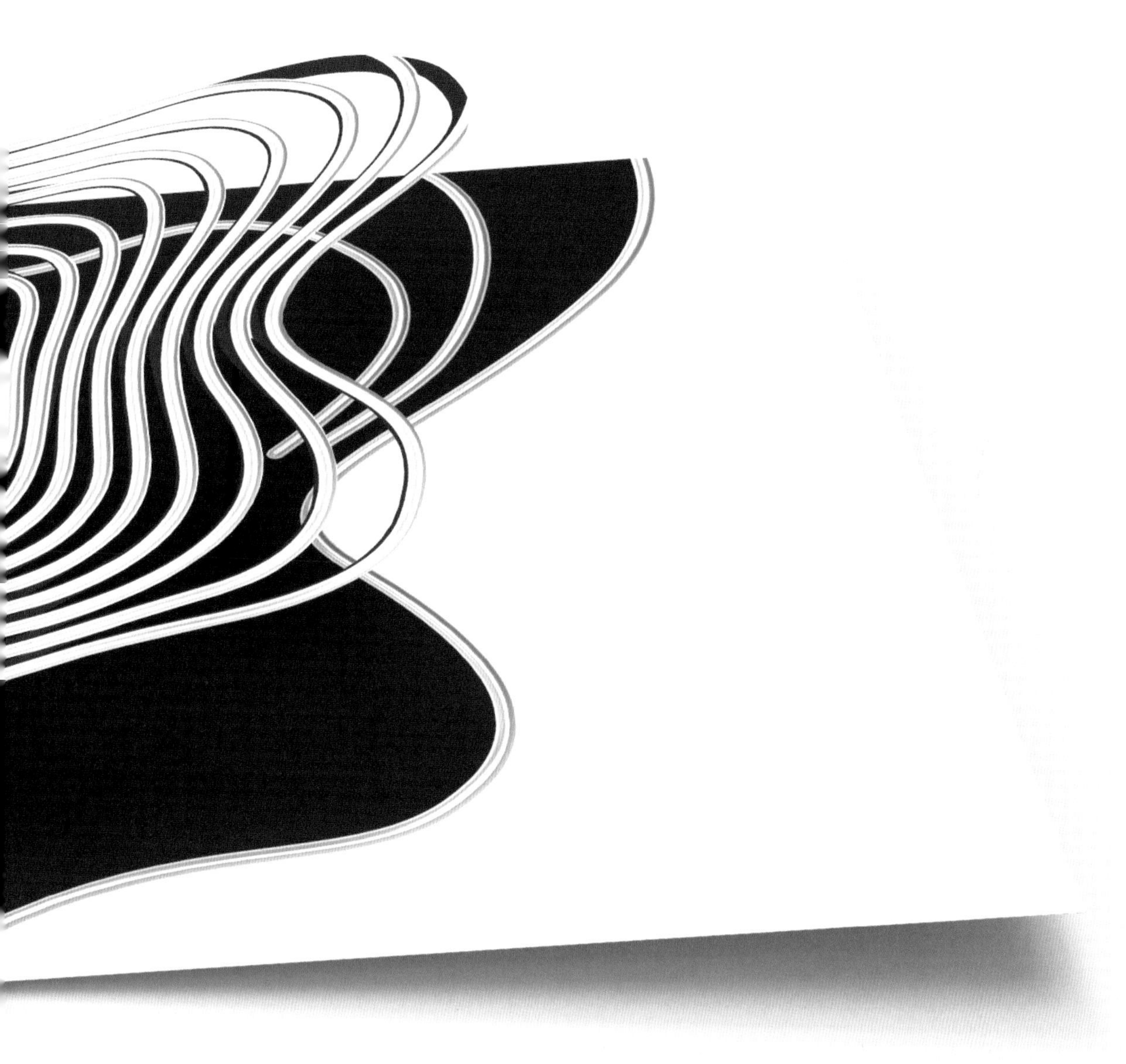

新年快乐
HAPPY NEW YEAR
金蝶

△ 贺卡：基于金蝶云引力波装置的视觉符号展开的概念设计之二 / 陈超 作品

△ 项链：基于金蝶云引力波装置的视觉符号展开的概念设计之三 / 陈超 作品

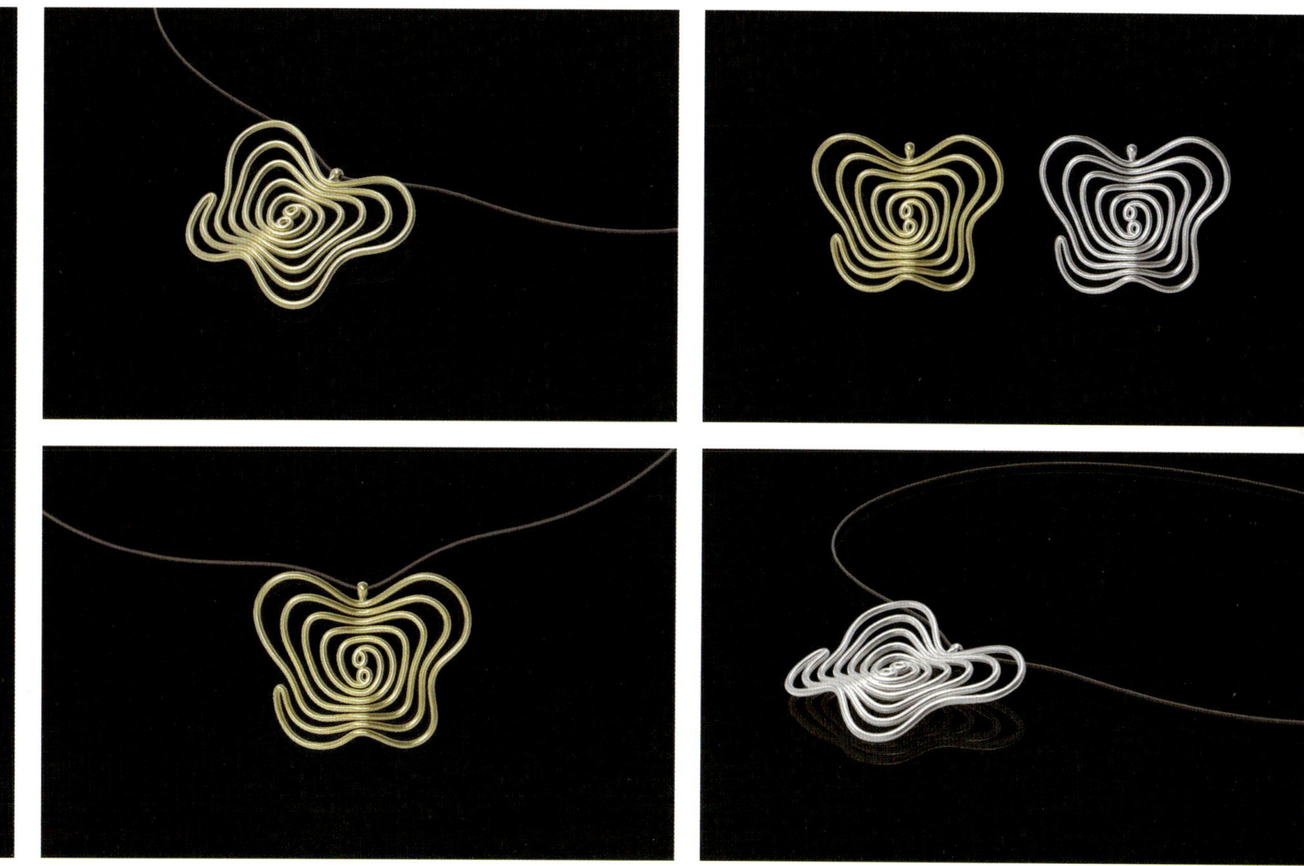

△ 胸针：基于金蝶云引力波装置的视觉符号展开的概念设计之四 / 陈超 作品

△ 袖扣：基于金蝶云引力波装置的视觉符号展开的概念设计之五 / 陈超 作品

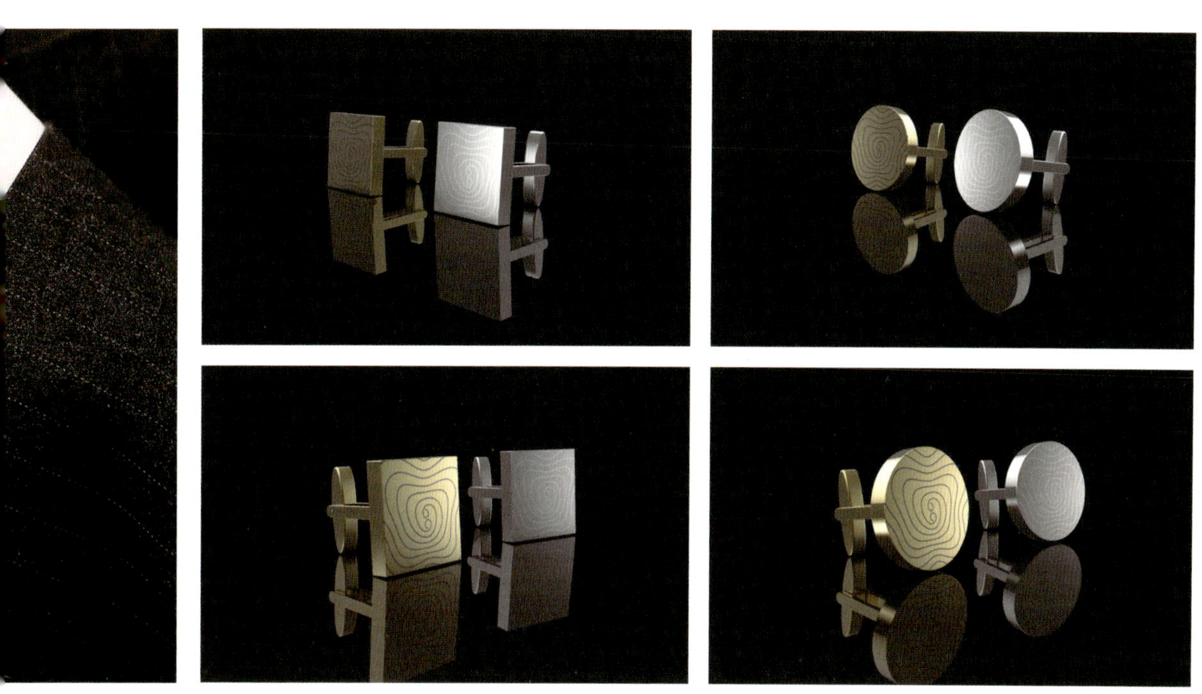

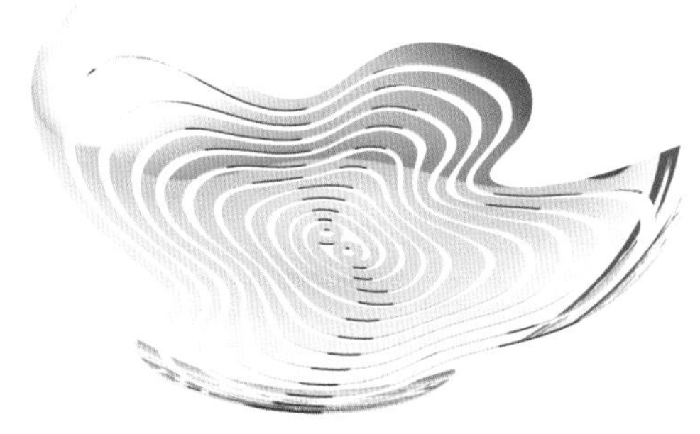

△ 水果盘：基于金蝶云引力波装置的视觉符号展开的概念设计之六 / 陈超 作品

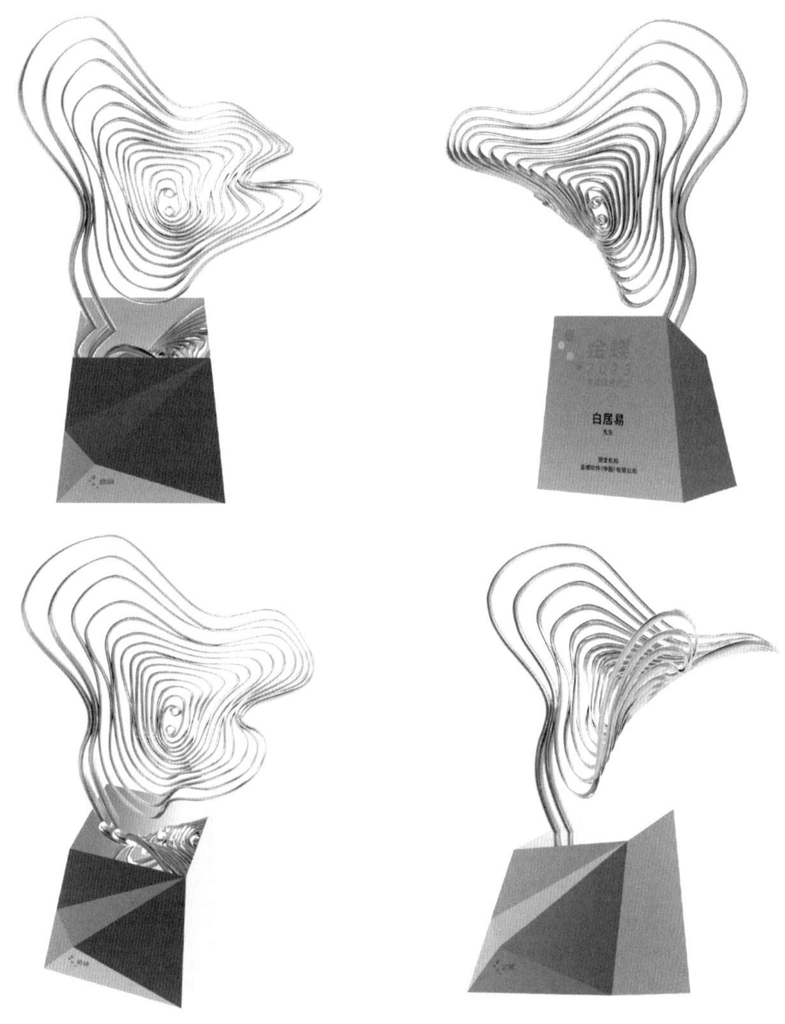

△ 奖杯：基于金蝶云引力波装置的视觉符号展开的概念设计之七 / 陈超 作品

△ 水杯：基于金蝶云引力波装置的视觉符号展开的概念设计之八 / 陈超 作品

△ 保温杯：基于金蝶云引力波装置的视觉符号展开的概念设计之九 / 陈超 作品

金蝶

△ 伞：基于金蝶云引力波装置的视觉符号展开的概念设计之十 / 陈超 作品

在设计金蝶云引力波的衍生品时，你运用了什么方法？

C

因为金蝶云引力波有着非常独特的空间造型，所以在设计它的衍生品时，我需要考虑二维和三维之间的转换问题，这是最关键的。我需要从二维和三维两个方向，将金蝶云引力波的造型语言应用在衍生品上。

首先，我们来谈谈平面化的应用。准确地将三维空间中的金蝶云引力波用平面的方式呈现出来，这个过程是比较复杂的。我尝试了很多次，好在最终还是抽象出了令我们很满意的平面图形。完成这一步之后，我就可以将衍生品的功能与抽象出的图形进行融合，在体现金蝶云引力波美感的同时，赋予衍生品功能性。

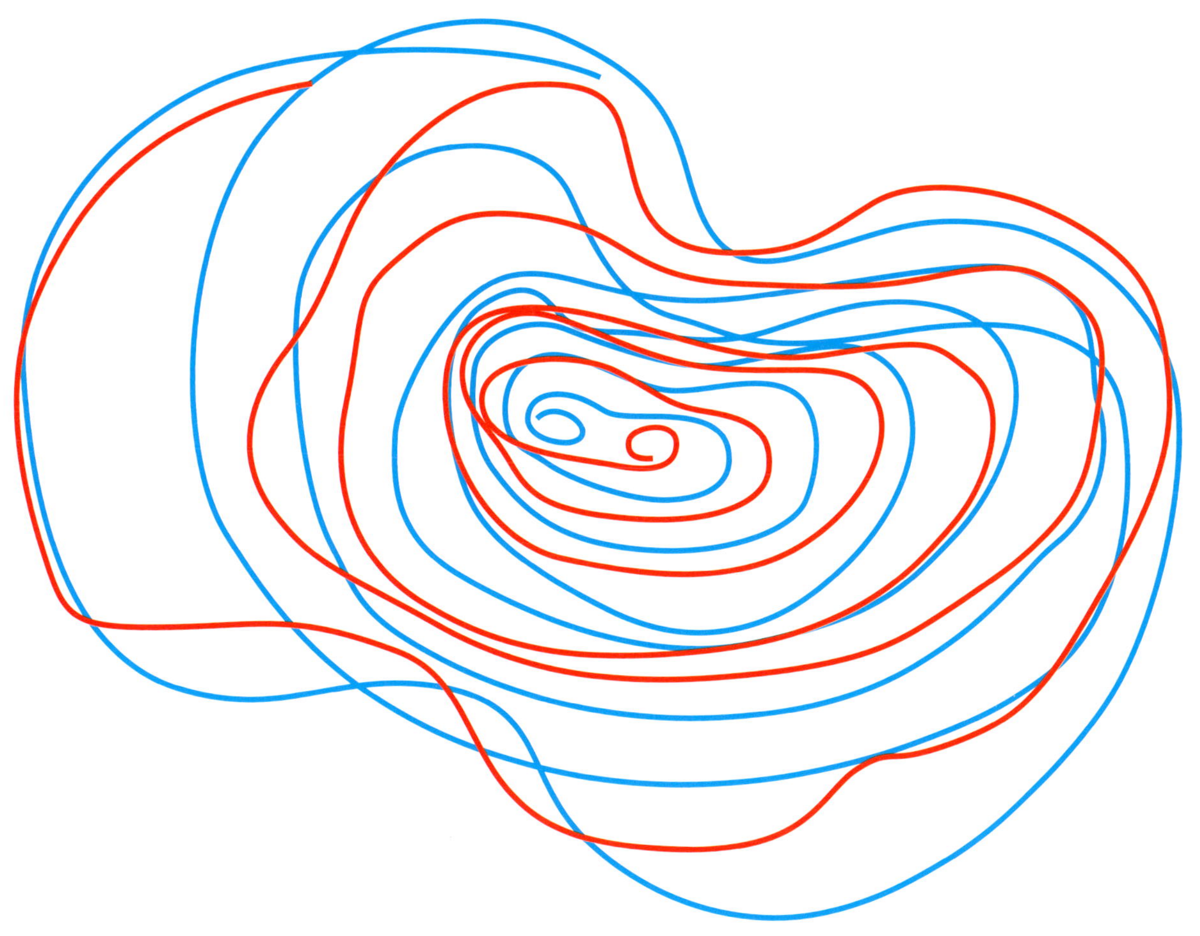

△ 符号：基于金蝶云引力波装置的视觉符号展开的概念设计过程草稿 / 陈超 作品

其次，我们谈谈金蝶云引力波在三维方向上的应用。在设计这一类型的衍生品时，我尽量保留金蝶云引力波装置原有的形态，将装置缩小，结合功能性的部件，设计饰品架、纪念杯，让用户获得将大型装置带回家的体验。不过，具体到每一款产品，需要考虑的细节还有很多。例如：在饰品的设计中，我在形态上捕捉了金蝶云引力波的蝶形特征，增加了形态的对称性，追求“金蝶依人”的精巧效果。

二维和三维产品有时候并不是单一存在的，它们还有互相转换的情况。例如：果盘的立体形态就是将平面化的金蝶云引力波进行冲压，形成可以容纳水果的空间，运用了二维转三维的方式，最终呈现出了别致的造型。

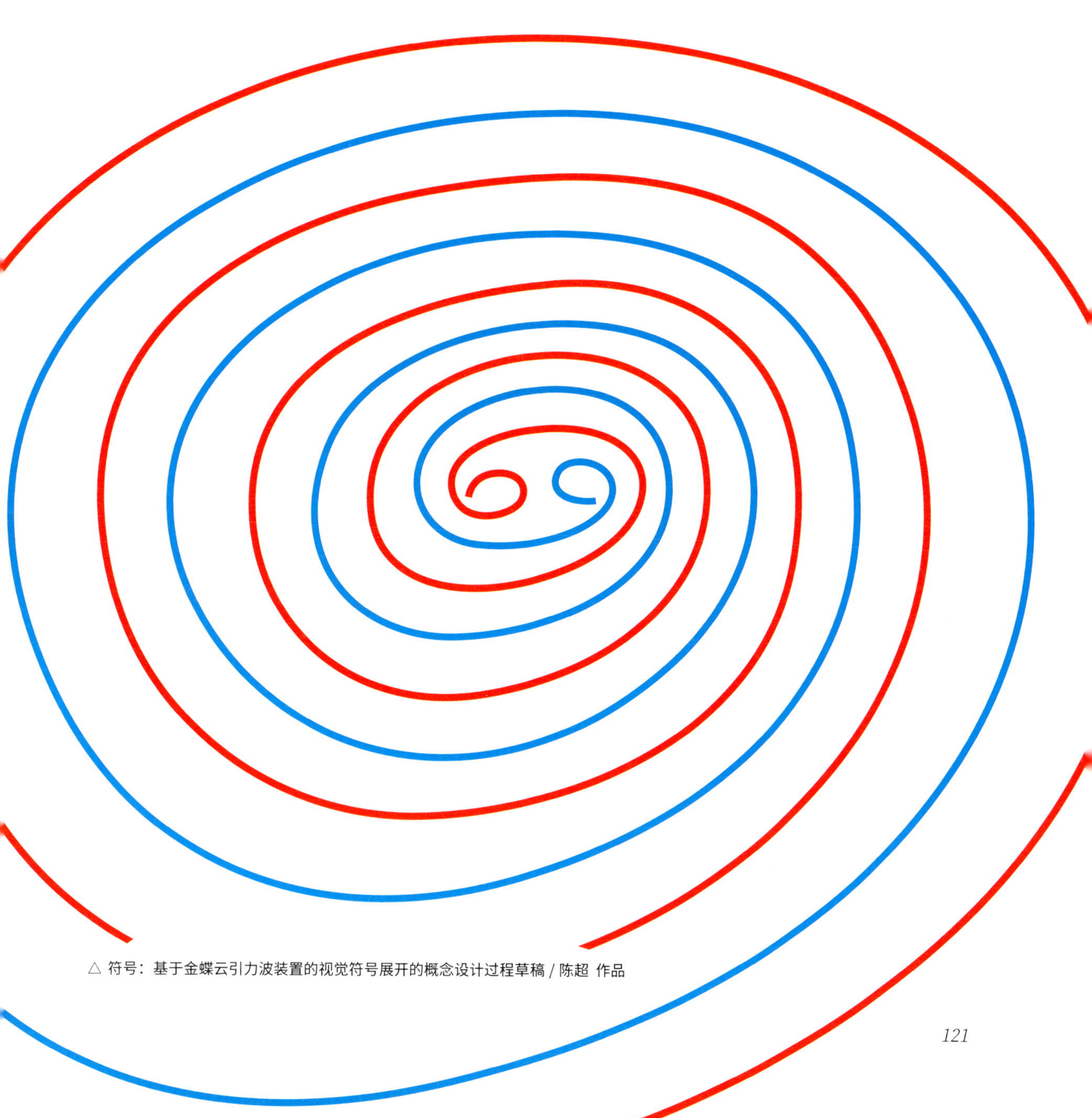

△ 符号：基于金蝶云引力波装置的视觉符号展开的概念设计过程草稿 / 陈超 作品

△ 明信片：基于金蝶云引力波装置的视觉符号展开的概念设计之十一 / 陈超 作品

金蝶
金蝶云引力波装置概念设计
PNSO

▽ 饰品架：基于金蝶云引力波装置的视觉符号展开的概念设计之十二 / 陈超 作品

创造与

杨杨Y对话

时间

徐少春

徐少春

金蝶国际软件集团董事会主席、首席执行官

1979—

徐总，您好。我知道 2023 年对于您和金蝶来说都是一个不寻常的年份，1993 年“破茧成蝶”的金蝶，在 2023 年正式进入“而立之年”。金蝶早已成为中国同行业中的翘楚。如果现在让您回望过去 30 年金蝶的发展，您觉得用什么词来形容最贴切?

“不断创造”吧。“人生所有欢乐都是创造的欢乐。”这是罗曼·罗兰说过的一句话，也是我的座右铭。过去的 30 年，不论是对于我还是金蝶，都是不断创造的 30 年。

1992年

过去的 30 年，
不论是对于我还是金蝶，
都是不断创造的 30 年。

在过去的 30 年甚至更长的时间里，您的梦想和身份都经历了很多次变化。我知道您在年少时一直很热爱文学，曾经的梦想是成为一名作家，甚至是文豪。但是，后来在求学期间您报考了计算机专业。硕士研究生毕业后，您原本在税务局做着一份稳定的工作，但是后来果断辞职，加入了创业的队伍。在那个年代，这些决定看起来都是非常大胆的。那么这一切变化，是否也源自创造的快乐？

我出生的地方是湖南沅江市的一个小村子，就在洞庭湖边上。湖南人身上有一些很有意思的地方，比如说湖南人好像与生俱来就有那种积极抗争、敢为天下先的精神，就是要不断地挑战，越热越要吃辣椒，越冷越要跳到江里去游泳。我就是这样一个人。小时候我家里很穷，但是人穷志不短。那时候我知道读书一定是会有出息的，所以我就酷爱看书。家里没有电灯，就点了油灯来看。书看得多了，我就想着长大可能当个作家，再厉害点儿还能成为一代文豪。就是这么简单的想法。

△ 徐少春向沅江母校捐资兴建“立志楼”/ 金蝶集团供图

Y **那后来您在报考大学的时候，为什么没报文学专业，而改成了计算机专业？**

X **我这个人对一切不知道的事情充满了好奇。我记得有一天我的哥哥跟我说了一句话。他说：“人造卫星在天上播放的《东方红》是计算机唱的。”那个年代，人们根本不知道计算机是什么，能说上计算机这个词的人都很少。我琢磨着，这歌怎么能是计算机唱的呢？越想就越觉得很神奇。等 1979 年高考的时候，我就报了南京工学院（现在已经改名为东南大学）的计算机专业。**

△ 徐少春（左一）向母校东南大学捐赠 4500 万元，用于兴建综合楼 / 金蝶集团供图

您 16 岁那年参加高考，也就是说从 16 岁开始您就跟计算机结缘了。但是本科毕业后，您在考取研究生的时候又换了专业。这又是为什么？

X

大学毕业后，我被分配到了武汉的一家工厂工作。当时我给工厂编写了一个工资管理的小程序，这个程序帮了财务人员的大忙，让他们的工作简化了很多。这件事情对我触动很大。当时我就在想能不能用自己的计算机专业知识，帮助财务人员从“账海”中解脱出来。这是我第一次和财务这个领域产生交集。后来，我果断从工厂辞职，选择继续深造。我还真的找到了一个能把计算机和财务结合在一起的专业——会计电算化。后来我考取了财政部财政科学研究所会计电算化硕士研究生。可以说这次改变奠定了我后来的创业之路。

研究生毕业后，您在哪里工作？

研究生毕业以后，我就从北京到了山东济南，进入税务局。这在当时是一份非常好的工作，稳定体面，但是我总觉得有哪里不对劲儿。当时一有空我就去电脑城溜达，想看看能不能办个电脑公司，推广自己研发的财务软件。我内心冥冥之中就觉得这件事情对我来说才是最重要的。但是，在当时的环境，想要自己办公司还是很难的，特别是在相对保守的北方城市，这个想法基本上不可能实现。但是，南方就不一样了，尤其是已经成为特区的深圳。我其实只在税务局工作了 3 个月，就辞职到了深圳。当时心里迫切的感觉还是很强烈的，总觉得是时代在召唤我，我应该要去做那样一件事情，而不是待在这个办公室里。

到了深圳以后您就创立了金蝶吗?

X

还没有。我到深圳以后，先到蛇口中华会计师事务所工作。这份工作给我带来的感受和之前完全不一样。当时蛇口中华会计师事务所已经在为一些外资企业提供服务了，所以不管是他们的员工、企业文化还是工作内容，都非常现代化、国际化。这让我有了一种实实在在的感受：我真的是来到了改革开放的前沿阵地，摆在眼前的机会太多了，我的想法也有可能要实现了。1991 年 5 月，国家召开了中国科学技术协会第四次全国代表大会，全国上下都洋溢着一种“科技的春天要来临”的感觉。记得在那几年，深圳市政府发了一个文件，鼓励民间科技人员创办民间科技企业。我看了这份文件之后感觉热血沸腾。政府鼓励我们创业，这在之前是不敢想象的。我的内心翻江倒海，觉得自己干一番事业的机会终于到了，自己的梦想终于要实现了，于是，我又辞去了会计师事务所的工作，走上了创业之路。

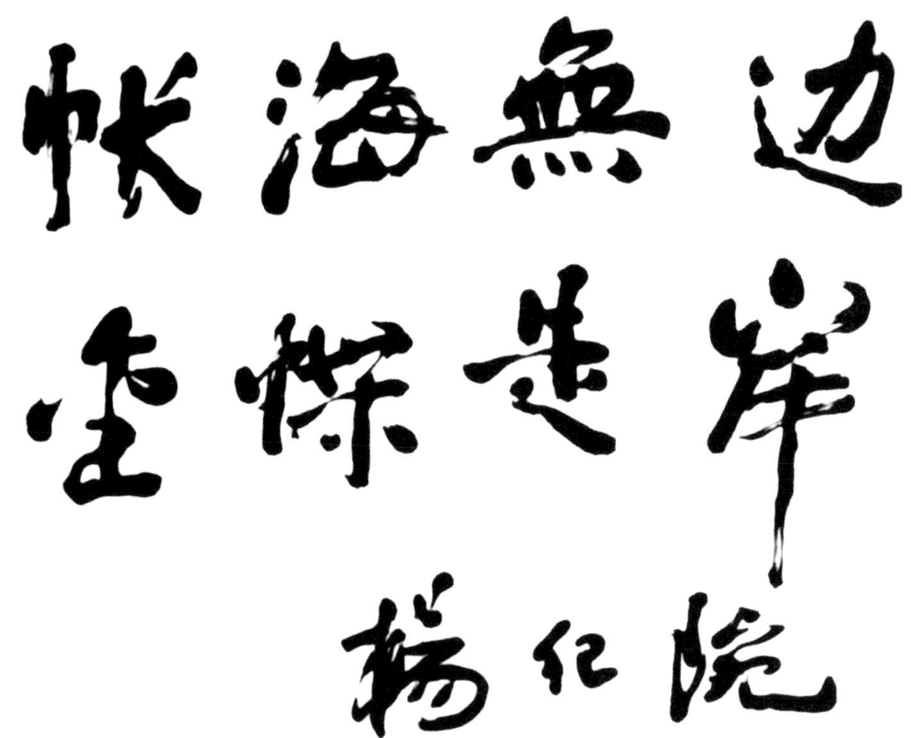

△ 著名会计理论家杨纪琬为金蝶题词：帐海无边，金蝶是岸 / 金蝶集团供图
注：帐，旧同“账”。

我能感觉到您每次在选择方向的时候都非常果断。

对，想法是很确定的。但是，我当时有想法，没钱呀。从会计师事务所辞职以后，我的兜里就只有 360 块钱。我就向岳父借了 5000 块，承包了一家电子公司的软件开发部，作为正式创立公司之前的过渡。当时我做的业务都是有关硬件的，但就是这个过渡期，让我赚到了人生的第一桶金——5 万元，这在当时是一笔大钱。有了这笔钱以后，我就开始筹划创立自己的公司——深圳爱普电脑技术有限公司。应该说这就是金蝶的前身。

△ 创办爱普时的徐少春 / 金蝶集团供图

1991—

从爱普开始，您要“拯救”财务人员的梦想才真正开始是吗？

1993年

X 可以这样说。当时成立公司以后，我最大的梦想就是要做出一款财务软件，让财务人员从记账、做账的“苦海”中解脱出来。当时中国的财务管理软件刚刚起步，软件功能不多，在企业中的应用也非常少。我是 1991 年 5 月份辞职的，到当年大约 8 月的时候，我自己开发的 DOS 版财务软件就出来了，装在一张 5 寸磁盘里。这款软件主要是解决财务算账、记账、报账的问题。

现在我们从您的描述中，感觉公司的成立似乎是一件水到渠成的事情，好像没费什么周折，但我知道实际情况肯定不是这样云淡风轻的。

X

公司在成立之初是非常困难的，一个是缺钱，一个是缺人。5 万元的启动资金对于一个公司来说还是太少了，没有钱就没办法招来人才，没办法做事情。一开始，公司就只有我和另外一名员工，我们骑着自行车到各家企业推销财务软件，让他们免费试用。这种困境一直到我们的财务软件为一家企业解决了财务报表的难题以后才有了一些改善。通过财务人员口口相传，我们的财务软件也被越来越多的人知道。

对于爱普来说，这是一个决定性的转折吗？

只能说是初尝胜利的果实。当时我有一个很迫切的想法，就是要把企业的规模做大，彻底改变微小民营企业举步维艰的状况。但是，这个目标真正实现起来是很不容易的。当然，根本问题还是创业之初遇到的问题——钱和人的问题，这点没变。因此想要扩大企业的规模，第一需要快速获得融资，第二是获得高素质人才，这是企业能够长久生存下去的法则。于是，我开始对公司进行股权结构改造，引进战略投资伙伴。蛇口社会保险公司以及赵西燕女士就是在那个时候成为我的合作伙伴的。有了全新的股权结构，公司也由深圳爱普电脑技术有限公司更名为深圳远见科技发展有限公司。

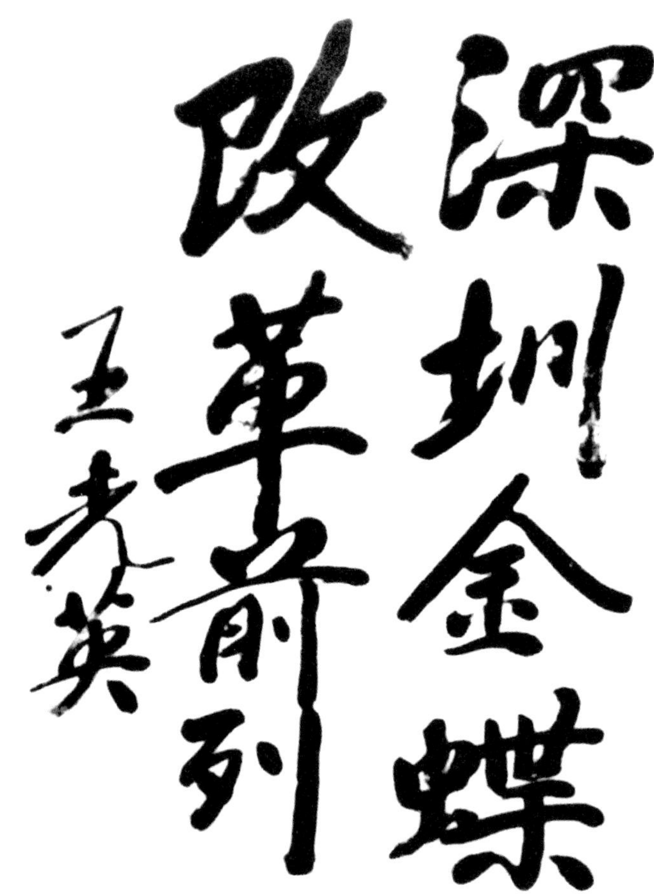

△ 全国人民代表大会常务委员会原副委员长王光英为金蝶题词：深圳金蝶，改革前列 / 金蝶集团供图

这一次，还是没能迎来金蝶的诞生。

对，但是公司走上了正轨。到了 1992 年 10 月，在中国共产党第十四次全国代表大会召开以后，深圳的外资企业数量快速增长。就是在这个时候，我看到一个巨大的商机：这些外资企业用的财务管理软件都是国外的，这些软件有一个致命的问题，就是无法处理汉语文本和人民币业务。这正是需要中国自有的财务管理软件的时候。

1993 年，当时的深圳远见科技发展有限公司推出了首个财务软件产品，这款软件的名字就叫“金蝶”。

为什么会给一款财务管理软件起这么浪漫的名字呢？

我就是希望自己开发的财务管理软件能够像一只金色的蝴蝶一样，飞进财务工作者的窗口。当时全国大约有 1200 万名财务工作者，我要帮助他们甩掉算盘。

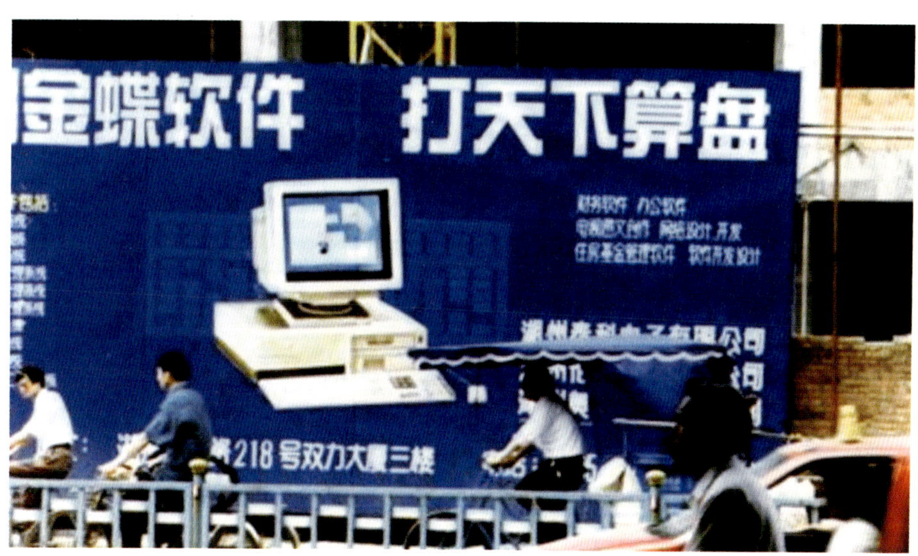

△ 1994 年，金蝶早期广告：用金蝶软件，打天下算盘 / 金蝶集团供图

1993—

Y

这是一个很大的梦想。这款软件推向市场以后，您离梦想更近一步了吗？

金蝶这款财务管理软件在当时来说应该是很成功的。产品投放到市场上后，非常契合当时深圳市场上不同企业对于财务软件的需求，销量很好，以至很多消费者只记住了“金蝶”这款软件产品的名字，但是不知道产品出自远见科技公司。后来我就想，应该让品牌效应最大化，于是我干脆就把企业的名字也改成金蝶。这样，几经波折后，金蝶软件科技有限公司终于成立了。

1997年

Y 经历了早期创业的阵痛，初步解决了财务和人才的问题后，金蝶将发展的重心放在了哪里？

X 产品研发。那个时候我就已经认识到，创新是金蝶未来发展的立足之本。这回到了我们最开始探讨的问题，金蝶的 30 年一定是不断创造的 30 年。但是，这种创新不是盲目的创新，而是必须和用户的需求紧密结合起来，要帮助用户解决他们的难题。当时公司制定了新的产品开发指导思想——“突破传统会计核算，跨进全新财务管理”，率先使财务软件进入管理时代。当年，金蝶的第一款财务软件系统——金蝶财务软件 V3.0 版正式上市。这算是首次向业界展示了自己的实力。

当时金蝶在行业内的规模是怎样的?

比较小，竞争对手很多。

在这样激烈的竞争中，金蝶是如何做到脱颖而出，为日后的壮大和发展奠定坚实的基础的呢?

主要还是发现企业的优势，找准企业的“基因”。当时我总结了金蝶的三大竞争优势：第一是性能优异、契合用户需求的软件产品；第二是优秀的售后服务；第三是良好的客户反馈。即便是到现在，金蝶最关注的依旧是产品和服务的创新。只有产品和服务才是价值传递的载体。

就像您讲的，金蝶在产品研发中始终坚持以用户为中心，围绕客户的需求不断进行创新。说到这里，我想问您的是，在这个不断创新的过程中，金蝶什么时候研发出了第一个对于金蝶具有划时代意义的产品？

当时金蝶的产品其实很不错，性能成熟稳定，给金蝶带来了不少客户。这让金蝶在早期就经历了一个快速发展的阶段。但是，我始终还是有危机感。当时我们和竞争对手的财务管理软件都是基于 DOS 系统开发的，从技术层面来说，大家的差距并不大。我们能做的就是在用户使用功能上做出差异。但是，我觉得如果只是这样的话，是不可能真正和对手拉开距离的。

那您当时的想法是什么？

我一直认为要通过融合最新技术为金蝶财务软件构建竞争壁垒，这才是根本。当时我非常关注微软的发展，他们是当时软件行业的领军者。我记得在 1994 年，微软公司推出了第一个简体中文版本的 Windows 操作系统——Windows 3.2，但实际上在 1985 年，微软就推出了 Windows 1.0。当时这个就已经轰动了业界。它是第一个不同于 DOS 操作平台的计算机操作系统。但是，那几年中国对于 Windows 系统还是不太了解，甚至到了 1994 年有了中文版本的 Windows 以后，人们在很长一段时间里还是习惯用 DOS 系统，大部分企业的电脑用的操作系统也是 DOS 系统。但是，我当时就有一个非常坚定的想法，金蝶必须要开发基于 Windows 操作系统的财务软件，要把这个作为金蝶重要的产品战略。这在当时是一个非常冒险的决定，因为人们觉得在那样的技术条件和市场环境下，Windows 操作系统的普及要等到两三年之后，所以大部分公司的产品战略还是升级和改善 DOS 系统的财务软件，而没有针对 Windows 系统进行研发。

您当时对于自己的想法是笃定的?

是的，我认为自己对这个产品战略的思考是非常成熟的，所以我没有在意外界的声音，全力转向了基于 Windows 操作系统的财务软件的产品研发中。

金蝶第一款基于 Windows 操作系统的财务软件是什么时候推出的?

非常快。1994 年微软推出了中文版的 Windows，1995 年春节以后，我们就推出了金蝶财务软件 For Windows 1.0 版。我记得研发过程中正好赶上春节，别人都在家里过年，合家团聚，但是金蝶的研发人员都待在公司里，紧锣密鼓地工作。

所以这款产品的研发时间不到一年，我们就把它做出来了，当时在行业内引起了巨大的轰动。后来我们又经过一年半的反复改进，到 1996 年，我们推出了金蝶财务软件标准版 For Windows V2.5 。这个时候，产品已经比较成熟了，于是我们向海内外市场发售了这个产品。

可以说这款产品对于金蝶来说具有划时代的意义。

从 DOS 版的财务软件到 Windows 版的财务软件，代表着金蝶的第一次转型。这款产品不仅带动了金蝶业务的高速增长，奠定了金蝶在财务管理软件行业中的领先地位，同时对于整个行业也具有重要意义。它带动了整个财务管理软件行业的升级，促成了国内财务管理软件由 DOS 系统向 Windows 系统的迅速转移。

有了好的产品，接下来就要开始考虑销售了，要把产品卖出去，让越来越多的人使用。在整个行业都在向我们预期的方向转变的时候，销售是不是成了一件相对容易的事情？

可以说从 1996 年下半年到 1997 年，是金蝶销售部员工最为忙碌的时候。他们基本上每天都是坐最后一班公交车回家，因为业务实在是太多了。当时金蝶 Windows 版财务软件打响了第一炮，在深圳乃至全国范围内可以说是深入人心了；而金蝶也从一个在深圳市影响力较小的软件企业，一跃成为深圳本地财务软件行业的龙头。

1997—

在金蝶成为一家知名的软件企业之后，您有没有轻松一点儿？

轻松不了啊。产品完成了转型，但是金蝶面临的问题还有很多。

2001年

△ 1997 年，金蝶推出基于 Windows 系统的决策财务软件，在国产 Windows 版财务软件评测活动中获总分第一 / 金蝶集团供图

是哪方面的问题？

首先是股权结构的问题。1997 年，国家出台了一个政策，规定社会保险公司不能投资“高投入、高回报、高风险”的三高行业。金蝶的大股东是蛇口社会保险公司，占股 40%。按照这个政策，它就必须要退出金蝶。但是，怎么退呢？在当时大家意见并不统一。在协商谈判的过程中，当时蛇口社会保险公司总经理赵勇起到了关键作用。他支持金蝶自己出去单干。于是，最后的结果就是蛇口社会保险公司退出了全部 40% 的股份。这些股份，我们拿出一半在原有股东之间进行了再分配，剩下的一半则分给了金蝶的员工，作为对员工的长期激励。

股权改革调整顺利完成之后，金蝶还面临什么问题呢？

资金的问题。从 1996 年到 1998 年，金蝶都在飞速发展，每年业绩增速高达 300%。业务的急速扩张，势必会带来资金上的压力。当时我决定寻找投资机构，而 IDG（国际数据集团）恰好也找到了我们。IDG 是最早进入中国市场的国际投资机构之一，当时在中国已经投资了很多家新兴的互联网科技公司。经过很多轮谈判以后，我们在 1998 年和 IDG 签署了投资协议，IDG 投资 2000 万元人民币，认购金蝶软件 25% 的股权。这在当时是一笔非常大的风险投资，后来回过头来看，金蝶应该是 IDG 早期最成功的投资。因为 2001 年，互联网经济寒冬到来，而 IDG 在中国投资的绝大部分是初创型互联网公司，大多遭遇重创。这是后话了。

这样一大笔资金的进入，给金蝶带来了什么？

X

IDG 的投资给金蝶的高速扩张提供了重要的资金保障。从 1997 年到 1998 年，金蝶在财务软件市场上的份额由 8% 提升到 23%，成为财务软件行业成长性最好的企业。

Y

在金蝶的企业规模不断扩张的时期，金蝶在产品研发上有什么新的举措呢？

X

金蝶首次进军 ERP（Enterprise Resource Planning，企业资源计划）领域。

这相当于进入一个全新的领域，要研发全新的产品。

是的。当时国内 ERP 市场主要还是被国外的跨国企业垄断的。但是，随着国内企业的高速发展和信息化时代的来临，众多国内财务软件企业开始进军企业管理软件领域。1998 年 6 月 26 日，国内八大财务软件厂商在北京联合召开了“向全面企业管理软件进军”的新闻发布会，报告了各自面向大中型企业全面信息管理系统的解决方案。在随后的 7 月，金蝶就推出了 K/3 ERP。这是中国第一个 ERP 管理系统。后来，金蝶调整了内部结构，专门成立了 K/3 事业部，在 ERP 的研发上投入更多的人力和财力。IDG 的投资，实际上为我们在产品上的转型奠定了很好的基础，让我们有能力来做这件事情。

K/3 的推出，应该说顺应了企业的需求，符合企业信息化的一个基本路线，在当时应该备受欢迎吧？

K/3 还是获得了很好的市场反应。它和国外的 ERP 软件有很大的不同，非常符合中国企业的需求，帮助企业实现了基础管理信息化，为企业财务、采购、仓储、销售和生产等部门提供了一套完整的企业应用解决方案。

到 2000 年底，金蝶 K/3 ERP 成为金蝶主要的收入来源，其营业收入占总收入约 60%，而金蝶也以 10% 的市场占有率居国内 ERP 厂商首位。

这对金蝶来说是一次华丽的转身。

创新是金蝶的基因，这是我从开始就一直在讲的。无论是 Windows 版财务软件，还是 K/3 ERP，都是金蝶不断创新的结果，是金蝶历史上具有里程碑意义的产品。

在接受 IDG 投资的两年后，金蝶于 2001 年 2 月在香港创业板成功上市，为金蝶第一个十年发展画上了一个圆满的句号。

2001—

Y

金蝶的第一个十年无疑是成功的。在金蝶上市之后，您对企业未来的发展又做出了怎样的规划？是按照当前的道路继续走下去，还是又有了创新的想法？

1998 年到 2000 年，人们看到了金蝶扇动翅膀带来的光环，可是身在其中的我每一天都过得战战兢兢，如履薄冰。我无时无刻不在担心金蝶的发展，害怕一旦有闪失，企业就会倒下去。我必须要看得更加长远，金蝶才能走得更远。金蝶上市以后，我很快制订了 5 年计划：在未来 5 年内要成为中国

2012年

最强大的国际性软件厂商，要打造中国软件产业的航空母舰。这个计划非常宏大，但是金蝶人也有信心去实现。在这个战略思想的指导下，我们第一步要做的就是从 ERP 产品商升级为企业信息系统解决方案供应商。金蝶不再只是一家“财务软件”公司，而是一家“企业管理软件”公司。这不是一次简单的产品升级，而是商业模式的升级。

这样的重大转型一定会给金蝶带来更大的挑战，我感觉您肩上的担子又重了。

非常幸运的是金蝶的转型顺应了当时企业信息化建设和发展的大环境，因此战略的推动和实施速度就很快。2002 年 3 月，金蝶发布了企业信息整体解决方案 V1.0，这个解决方案包含供应链、客户价值、知识市场、价值管理、财务管理、物流管理、OA（办公自动化）、HR（人力资源）、CRM（客户关系管理）等。不过在当时，金蝶的客户主要是中小型企业，大中型企业客户依旧被国际厂商所占据。2003 年，金蝶调整了战略布局，开始开发面向大中型企业的产品解决方案。同年，金蝶推出了新一代企业应用软件产品——EAS for J2EE V3.0，这一解决方案就是主要面对大中型企业客户的。

金蝶是一直都处于高速发展中，还是也有过低迷的时候？

应该说还是遇到了一些挑战，比如我们在探索软件企业的国际化之路上并不是一帆风顺的，在打造中国软件产业合作伙伴生态链的战略推动上也遇到了一些问题，但好在我们及时做了调整。在接下来的 2005 年到 2008 年，应该说金蝶迎来了发展的“天机”。

怎么理解这个“天机”？

X

首先，金蝶从香港创业板转到主板上市，这对金蝶来说意味着我们在资本市场上取得了重大突破。从 2001 年在香港联交所（香港联合交易所有限公司）上市以来，金蝶的业绩一直都非常好，营业额增长了 2.7 倍，净利润增长了 2.5 倍，可以说，转到主板上市是一件水到渠成的事情。这个事情对金蝶来说是一次重要的转身。其次，还是产品。当时中国的 ERP 市场正处于竞争空前激烈的时期，同质化严重，价格战不停。如何打破这样的局面，真正做到可持续发展，是当时金蝶亟须解决的问题。2005 年，金蝶发布了“蓝海战略”，其中最重要的一条措施就是让 ERP“个性化”。金蝶通过为客户量身打造个性化 ERP，帮助中国各行各业有着不同管理需求的企业实现提高管理创新能力的目标。这一项举措，让金蝶从同业惨烈的竞争中迅速破局，为金蝶带来了新的成长机会。这些就算是金蝶发展的天机吧。

这个天机并不是上天双手奉上的，而是金蝶自己创造的。您总是能在金蝶发展的不同时期，发现制约企业发展的瓶颈，并找出对策。这种洞见力非常令人佩服。

做企业是需要很高的市场敏感度的，但是不能说金蝶的成功是由我一个人带来的。事实上，带领金蝶走了那么久之后，我发现金蝶最大的问题是管理模式的问题。我需要找到适合金蝶特点的全新的管理模式，带领金蝶走向更好的未来。2007 年，我聘请了首席执行官，而自己来做集团董事会主席，兼首席架构师，企业的管理机制有了重大改变。

这是您创建企业以来，第一次把指挥棒交给别人吗？

X

对。这是一个非常重要的尝试，通过这样的改变，为金蝶构建了高效管理机制。

Y

2008 年到 2010 年，金蝶受到了全球金融危机的影响吗？

X

应该说在当时的大环境下，没有一家企业是能够幸免的。

金蝶是如何面对这场危机的？

出现大的危机，也就意味着大的变革的机会来了。当时我们提出了一个全新的战略：金蝶要全面向“服务型公司”转型。也就是说，金蝶之前是“卖软件”的，那么转型之后金蝶要开始“卖服务”。我们当时的目标是在 2010 年到 2013 年完成转型，初步成为中国的 IBM（国际商业机器有限公司）。怎么向“卖服务”转型呢？就是要发展壮大自己咨询业务的队伍。2007 年，我们成立了咨询事业部。与此同时，金蝶开始积极探索互联网市场，发展在线管理与电子商务服务平台。其实我很早就意识到互联网即将重塑传统产业的商业模式，越早“触网”，越能掌握战略先机。在 2000 年，我们就建立了互联网事业部。可惜当时 ERP 发展得太好了，有很长一段时间，我们都忽略了互联网这一重要的部分。

另外，我们还有一个大的举措，当然这个举措后来给金蝶带来了很多影响。我们开始加快收购公司或成立新的分公司以拓展营销渠道，试图将金蝶的版图拓展至快速发展的二线城市及海外市场。

这次战略调整给金蝶带来的影响是什么？

好的影响我就不说了。我就说一下不好的方面。

任何事情都不会是一帆风顺的。在逆势中追求规模上的快速扩张，就意味着成本费用迅速攀升，对金蝶的赢利能力提出了更高的要求和挑战。现在回过头来看，这样的战略可能并不妥当。因为在2012年，金蝶的销售收入出现了历史上第一次负增长，公司经营陷入困境，可以说这是金蝶历史上最困难的一年。

当然从现在来看，金蝶不仅成功地化解了这次危机，而且迈入了一个新的时代。

应该说也就是从 2012 年开始，金蝶再次抓住了机遇，开始向“云”的方向转型，进入“云服务”的新时代。这是金蝶最重要的一次转型。

2012—

Y

2012 年 8 月 8 日，在金蝶成立 19 周年的日子，金蝶在深圳举行了“云管理新产品发布会”，金蝶开始全面向“云”的方向转型。那么，您能给我们解释一下什么是“云管理”吗？

“云管理”是社交网络、移动互联网、云计算等新兴技术所催生的一种创新型管理模式。它能够在支撑企业重塑管理模式、创新商业模式上，发挥不同以往的效力。在当时，ERP 软件已经是一个相对饱和的市场了，凭借老一套的软件技术已经满足不了用户的需求。软件厂商需要拥抱互联网，投入研发更深入和更细致的产品。将传统软件业“云”化和社交化，已经是当时不可阻挡的趋势了。

我知道在那场发布会上，金蝶推出了自己的“云产品”。您能给我们介绍一下吗？

基于云平台的社交化 ERP“金蝶 K/3 Cloud”、企业移动门户等，都是当时发布的。到 2013 年，金蝶的业务模式就已经从单纯的 ERP 业务，转向了“ERP 业务 + 企业互联网服务”。这次转型已经初见成效。在 2014 年到 2015 年，金蝶就完全聚焦于“云转型”，并通过布局“云生态”重新获得了高速增长。

我听说在这个转型的过程中，您亲自带队砸电脑、砸服务器，改变大家的传统思维，开创全新的工作方式。是真的砸吗？

那当然是真砸。互联网对传统模式的冲击是颠覆性的，我们面对的挑战也是巨大的。我们必须从内心真正接受这种挑战，在思维上彻底转变，才能在巨大的变革中存活下来。但是，这样的转型一定有一段非常痛苦的过程。在 2015 年的集团经营启动会上，我就说过，经过组织整合和一系列艰难痛苦的互联网转型探索，金蝶的互联网业务仍然没有取得突破性进展，发展速度还是太慢。究其原因，很重要的一点就是思维瓶颈。如果我们要到一个新的地方去，要到一个我们不熟悉的领域去，会有很多先天的习惯和思维阻碍我们的发展。

这个结要怎么解？

X

所有事情的根结都在人身上，还是要从团队入手，激发团队的创造力。我们砸了电脑，砸了办公室，鼓励员工移动办公、社交办公、共享式办公和弹性办公，让更多人的工作“No Pen（无笔），No Paper（无纸），No PC（无电脑）”，引领了一种全新的社交化、移动化的工作方式。通过这样的方法，我们唤醒企业对云时代重塑管理模式和商业模式的意识。

到 2015 年，金蝶成立了 4 家移动互联网公司：专注于数据金融服务的金蝶互联网金融、小微企业财务云服务公司金蝶友商网（“精斗云”的前身）、移动办公云服务公司“云之家”和快递云服务公司前海百递。这次，金蝶的转型不仅着眼于硬件的改变，而且从管理模式、业务模式和团队方面都进行了一次彻底的颠覆和改变。

△ 2014 年，徐少春砸掉电脑，进军移动办公 / 金蝶集团供图

“云时代”的到来，给金蝶的传统支柱业务 ERP 带来了怎样的影响？

其实在 2017 年 5 月 4 日，我们就把金蝶的 ERP 给“砸”了。

△ 2014 年，徐少春（左二）和客户一起砸掉服务器，宣布进军云服务 / 金蝶集团供图

“砸”了？

X

对，砸电脑、砸办公室，这些我都没有犹豫过，但是下决心“砸”ERP 之前，我是非常忐忑的。毕竟 ERP 是一个从 20 世纪 70 年代起一步一步发展成熟的行业或系统，至今仍然在很多企业运行，而金蝶当时在 ERP 领域中已经积累了 20 多年的经验。但是，我知道不砸不行，因为 ERP 的概念、名称、思想、理念已经发生了很大的改变，已经不适应未来的需求，企业在快速改变，人也在快速变化。我们要让“金蝶云”全面代替传统 ERP。这意味着，金蝶的整个产品战略将从 ERP 转向金蝶云，金蝶要成为云服务的首选品牌。

2017 年，金蝶云服务收入就已经大约占金蝶整体收入的 25%。当时金蝶云就已经体现出了巨大的市场潜力，而金蝶就一路朝着云计算公司迈进了。

这些年在金蝶云的发展过程中，一定有过许多重要的时刻。哪些时刻给您留下了深刻印象？

可以说金蝶云前进的每一步我都无法忘记。我可以给你说一个比较重要的事件，就是金蝶和华为的合作。2018 年 1 月 11 日，金蝶牵手华为，在深圳签署战略合作协议，建立战略伙伴关系，围绕企业级市场，在云计算、大数据和人工智能等前沿领域展开全方位、深层次的战略合作。金蝶和华为的合作不仅仅是强强联合，更是“朝向伟大的战略出发点”。双方在人工智能、大数据、物联网等最新前沿技术领域深度合作，能够共同打造伟大的产品，共同创造价值，助力企业数字化转型。

金蝶云正通过自身的努力，以及与不同伙伴的合作，努力打造一个最值得托付的企业服务平台。

对于金蝶云的转型来说，您觉得哪些重大的行动是最有战略意义的？

其中产品的转型是最重要的，我们的核心产品要从 ERP 产品变成云产品，一个全新的云平台是云转型的基础。我们从 2016 年就开始投资金蝶云·苍穹，2018 年正式发布。要是没有这个新的云平台，金蝶就没有现在，更没有未来。

“云”的快速发展，也成为中国式现代化的重要引擎之一。您认为金蝶在中国式现代化中，将扮演怎样的角色？

金蝶是数字化产业中勇于创新、技术领先的领跑者。我们从 2011 年开始自我变革，向云转型，也帮助各行各业实现数字化转型。我们预判，未来每一家企业都会成为科技企业，每一家公司都会变成软件公司，金蝶要做软件公司背后的软件公司。在每一个商业场景中，数字化和经济活动是融为一体的，数字化技术将成为每一家企业各项业务能力的基本要素。尤其是大型企业，无论是大型中央企业、其他国有企业还是民营企业，都有一个强大的信息技术部门，有很多信息技术人员，甚至现在不少央企成立了数字化科技公司，就是为了帮助自己进行数字化转型，这也是中国式现代化管理。我们要做的就是成为这些公司背后的软件公司，为他们提供平台、技术、咨询和指导。

确实，今天越来越多的中国企业，特别是超大型企业需要借助云管理走向世界，成为世界一流。在这个过程中，金蝶有哪些成功的经验和我们分享吗？

X

在金蝶发展的 30 年中，我们与招商局有超过 27 年的财务管理数字化创新实践；帮助海信建立财务中台，增强抵御财务风险能力，提高资金使用效率，提升财务运营效率与质量，构建库存中台，实现全渠道一盘货战略；助力华为，实现他们在全球多个国家人力资源系统的升级。

最近几年，在整体国产化替代、升级方面，我们也有过不少案例，像云南中烟、一心堂、北方工业等。我们与云南中烟一起用 98 天时间，成功完成 3 套国外系统的国产化替代，拉通了 8 大业务循环流程端到端闭环管理和上下游协同，推动云南中烟高质量发展，帮助云南中烟奠定了数字化转型基石。在过去 3 年，金蝶已经累计帮助 154 家大型企业完成了国产化替代，让他们更好地实现了自主可控。

总结这些成功经验，首先在新的理念方面，金蝶这几年一直与行业分析公司高德纳（Gartner）合作，不断发展 EBC（Enterprise Business Capability，企业业务能力）理念。EBC 其实是 ERP 的重大的变革和升级，传统的 ERP 思想已经不适应当下数字经济时代的需要，所以必须朝 EBC 业务能力的方向转型。可组装的 EBC 正逐步成为行业共识，成为新的数字化范式。我们也希望帮助每一个企业由原来的 ERP 向 EBC 方向进行转型。

未來

到 2023 年 8 月 8 日，金蝶就 30 岁了。在而立之年，金蝶焕发出了新的生机。对于未来的金蝶，您有什么展望？

金蝶现在依旧在“云”和人工智能的方向上进行着更加深入的探索，我们依旧在不断创造。下一个十年或者二十年，我们的战略就是全球化。我希望伴随着中国企业的全球化，伴随着“一带一路”，金蝶云能够走向世界，成为世界一流的企业；希望金蝶云能够带着中国人的精神和文化，给全世界的客户带来高品质的服务。

图片索引

按照提供者分类

赵闯提供图片

陈超提供图片

金蝶云引力波雕塑作品效果图 *047*

金蝶云引力波装置作品创作过程示意图 *082, 083,084, 085, 090, 092, 093*

陈超照片 *088*

书籍装帧与书签：基于金蝶云引力波装置的视觉符号展开的概念设计之一 *095, 096, 097*

贺卡：基于金蝶云引力波装置的视觉符号展开的概念设计之二 *098, 099, 100, 101*

项链：基于金蝶云引力波装置的视觉符号展开的概念设计之三 *102, 103*

胸针：基于金蝶云引力波装置的视觉符号展开的概念设计之四 *104, 105*

袖扣：基于金蝶云引力波装置的视觉符号展开的概念设计之五 *106, 107*

水果盘：基于金蝶云引力波装置的视觉符号展开的概念设计之六 *108, 109*

奖杯：基于金蝶云引力波装置的视觉符号展开的概念设计之七 *110, 111*

水杯：基于金蝶云引力波装置的视觉符号展开的概念设计之八 *112, 113*

保温杯：基于金蝶云引力波装置的视觉符号展开的概念设计之九 *114, 115*

伞：基于金蝶云引力波装置的视觉符号展开的概念设计之十 *116, 117*

符号：基于金蝶云引力波装置的视觉符号展开的概念设计过程草稿 *119, 121*

明信片：基于金蝶云引力波装置的视觉符号展开的概念设计之十一 *122, 123*

饰品架：基于金蝶云引力波装置的视觉符号展开的概念设计之十二 *124, 125*

金蝶集团提供图片

公开资料获取图片

深圳经济特区建立 40 周年纪念活动标志　*035*

激光干涉引力波天文台（LIGO）标识　*039*

孙维新提供图片

孙维新照片　*052*

PNSO 提供图片

PNSO 品牌标识　*040*

学术支持

李青叙事班

Liqing's Narrative

项目主持

A B C

文艺合作社

ARTISTIC BIOGRAPHERS CO-OP

友情支持

PNSO